PETITS BRUITS DE COULOIR

DU MÊME AUTEUR

Pourquoi c'est comment l'amour, Éditions du Franc-Dire, 1991.

PHILIPPE GUILLARD

PETITS BRUITS DE COULOIR

LA TABLE RONDE
7, rue Corneille, Paris 6e

ISBN 2-7103-0919-X.

À Jean-Luc Pélaez,
qui, sur le petit côté d'un jour à peine ouvert, a oublié de redresser sa course.

À Didier Lamaison.

OUVERTURE : L'AILIER FILANT

Hier, la nuit.

Le ciel était splendide. Lisse, lumineux, et tapissé de milliers de petits mystères.

Un immense tableau noir, comme à mon école de rugby. Les ronds d'un côté, les croix de l'autre, des avants groupés et des trois-quarts en profondeur. Je me souviens, la lune était ovale et le jeu limpide, du p'tit lait pour un demi d'ouverture. Et tous ces joueurs semblaient si brillants qu'on eût cru au match du siècle, l'Univers contre le Reste du monde.

Puis, soudain.

Soudain, un trois-quarts aile a jailli. Un trois-quarts aile de feu, magnifique, d'une aisance rare et d'une rapidité affolante. Il a slalomé entre les points et les croix, semant la panique et filant à l'essai sans que personne ne le plaque, ni même le touche, ni même l'effleure, puis il a disparu plus vite qu'il avait jailli.

J'ai souvent rêvé d'être ce trois-quarts aile. Rien qu'un instant. Mais cette nuit-là, hier, j'ai oublié d'en faire le vœu.

UN PETIT BRUIT DE COULOIR

Tout à l'heure, Pompon est entré dans les vestiaires et il nous l'a dit. Aujourd'hui, ce n'est pas un dimanche comme tous les autres dimanches. C'est pas un dimanche décisif, ou même primordial. Non, Pompon a été formel, aujourd'hui, c'était un dimanche capital !… Et il a même ajouté :

– C'est pour ça que, quand je vois vos mines, putain… j'suis inquiet !…

Il a raison d'être inquiet, Pompon, parce que nous, la mine décisive ou la mine primordiale, on les sait, mais la mine capitale ?…

Alors Pompon a expliqué. Que c'était simple, qu'il ne fallait pas aller chercher midi à quatorze heures, qu'un match capital, c'était un peu comme un match primordial qui serait décisif. Et que ça changeait tout.

Alors, on s'est changé.

On ne contrariait jamais Pompon, surtout pas le dimanche.

Je joue trois-quarts aile. À l'aile, on dit. Là-bas, sur un lopin de terre très mal situé. Entre joueurs et spectateurs, géographie ambiguë.

Jouer à l'aile, c'est accepter d'être à l'extrémité. Un destin.

Petit déjà, à la cantine, j'étais toujours en bout de table. Les plats arrivaient vides.

Je joue à l'aile, donc. Rectifions, je « suis » à l'aile, car je n'y joue que très rarement.

Je suis, auxiliaire du je.

Je suis auxiliaire du jeu.

Je suis, de l'aile, le jeu.

À ce jeu, Bascot ne m'aide pas beaucoup. C'est notre arrière, Bascot. Et aussi le fils du président. Il y a toujours un fils du président, dans les petits clubs, et c'est assez rare qu'il ne joue pas en première.

Il ne m'aide pas beaucoup donc, le Bascot. Oh, c'est pas qu'il ne m'aime pas, mais il se préfère. Alors, souvent, il m'oublie. Il garde le ballon pour lui. Et qu'est-ce que vous voulez que je lui dise, c'est le fils du président. Même Pompon, il avale des couleuvres. Pourtant, il n'aime pas les couleuvres, Pompon, mais alors pas du tout.

Parfois, je fais un rêve étrange. J'ai des millions de ballons. Des milliards même. Un compte en Suisse. Rien qu'avec des ballons. Et chaque dimanche matin, je vais à la banque et je retire de quoi jouer l'après-midi. J'arrive en Rolls Royce sur le bord du terrain, c'est Bascot qui m'ouvre la porte, il y a un tapis rouge, je descends avec tous mes ballons et je m'offre une véritable orgie. Je me tape à suivre, je me fais des passes, je marque des essais, et tout le monde me regarde. Je suis seul, je suis bon, je suis le plus beau.

Une fois, une rumeur est venue jusqu'à chez nous. Il existerait quelque part en France une race d'ailiers sauvages qui vivraient en liberté sur les terrains. On les appelle des ailiers modernes. Il paraît qu'ils se promènent à leur guise le long des lignes, qu'ils papillonnent. Le rêve, quoi. Mais Pompon, il n'aime pas les papillons. Ni la liberté d'ailleurs. Et surtout pas le jeu moderne. Remarquez, cela tombe bien, le président non plus. Ni le maire. Même pas la femme du maire.

Attention, ils ont leurs raisons. Quatre ans auparavant, nos dirigeants se sont essayés au jeu moderne. On en parlait beaucoup à cette époque. Alors, ils avaient confié l'entraînement à un professeur d'éducation physique moderne, Antoine Pajel. Seulement voilà, au début, tout le monde était perdu. Sautée-redoublée-croisée-dynamisme-continuité-temps réel de jeu... Résultat : quatre premiers matches, quatre défaites, dont deux à la maison.

Pajel eut beau expliquer qu'il fallait un certain temps d'adaptation, changer les habitudes, les mentalités, le village douta très vite de l'apport d'un jeu moderne. Chez nous, on veut bien changer toutes les habitudes sauf une : gagner à la maison ! Parce que la victoire, ça met tout le village de bonne humeur. Et par ici, la bonne humeur, c'est le commencement du bonheur.

Le pire arriva le jour où Pajel expliqua au Grand Café de la Grande Gare que la philosophie du jeu moderne, c'était la capacité à se réorganiser une fois que l'ailier possédait la balle. Que la mêlée et la touche ne devaient servir que de rampe de lancement dans lesquelles il ne fallait pas perdre d'énergie. Ça, au village, le coup du rugby qui commençait à l'aile, personne ne lui a pardonné ! Le rugby, con, ça faisait tellement de temps que ça commençait devant, qu'il n'y avait pas une personne vivante qui pouvait dire exactement depuis quand.

Du coup, le club des supporters emmené alors par la femme du maire fit campagne. Pétitions, réunions, conférences, débats… Je me souviens, cela s'appelait : « Campagne contre le jeu moderne ».

Et Pajel fut écarté.

On nomma alors Pompon, un ancien talonneur du club. Un vrai du sérail. Au premier entraînement, il nous a dit : « Les gars, avec Pajel, tout aux ailes, avec Pompon, tout au menton ! »

Depuis, je monte, je descends, je remonte et je redescends, le long de la ligne de touche. Vu de haut, on dirait un yoyo au bout d'un fil blanc. D'ailleurs, on me surnomme Yoyo.

– Mais putain, qu'est-ce tu fous, Yoyo, t'as pas vu l'heure ?… Tu rêves ou quoi ?…

C'est Cacou. Il joue à l'aile aussi. De l'autre côté de mon côté. On se croise avant les matches, ou après. Rarement pendant. Mais Cacou, il est toujours heureux. Jamais une question, besoin de rien. Cacou, le dimanche, il vient, il s'habille, il court, souvent pour rien, puis il s'enfile vingt perroquets après le match, dix whiskies avant le dîner, quinze après, et son merveilleux dimanche vient mourir au bord du lundi matin, étendu sur le canapé du Macoumba, dans le coma éthylique. Souvent, c'est moi qui le ramène chez lui, et là, dans la voiture, il me jure qu'il m'aime et puis qu'il aime aussi tous les autres. C'est pas qu'il fait tout pour être heureux, le Cacou, mais il ne fait rien contre. Il a les yeux plus bleus que la Méditerranée, mais moins profonds. Disons qu'on avait pied dans son regard. Alors, comment le lui dire à Cacou, à quoi je rêve ?…

En face de moi, les Gros commencent à s'échauffer. Y a Boulard, le Crabe, la Gauffre, le Polak, Bebel, Ali Babar et notre capitaine, la Mouette. Et lui, là-bas, cette sorte d'éléphant de mer qui sort des vestiaires tout nu et les chaussures aux pieds, c'est Chimez, notre pilier droit. C'est son heure, à Chimez. Chaque dimanche, à quatorze heures, qu'il pleuve, qu'il vente, qu'il fasse chaud ou froid, à la maison comme à l'extérieur, Albert Chimez nous chope la colique. La trouille, quoi ! Dans son sac, il y avait toujours deux rouleaux. Un rouleau d'élastoplaste pour son genou grippé et un rouleau de papier mouchoir pour son rhume du cul.

Pompon est entré.

– Bon, les gars, je viens de les voir, hein !... Et je peux vous assurer, y sont morts de peur !...

La dernière fois qu'on a rencontré des types « morts de peur », on a pris quarante-deux grains.

Échauffement. Les avants sont restés dans les vestiaires. Pas nous. Le froid accueille nos cuisses dégarnies.

On se met à trottiner un peu dans tous les sens. Le ballon me tombe dans les bras. C'est splendide un ballon. Ni trop petit ni trop gros, ni trop lourd pour pouvoir jouer à la main ni trop léger pour permettre le jeu au pied.

On commence à répéter les combinaisons. Sans opposition. Croisée un, croisée deux, la Hendaye, la Toulon, la Biarritz, la Gourdon... C'est enivrant l'échauffement, on prend tous les risques.

Pompon, il n'aime pas les combinaisons. Moins on se fait de passes, moins il est inquiet. De toute manière, avec la paire de centres que l'on a, vaut mieux qu'on les oublie, les combinaisons. Pompon, au centre, il joue la carte du Commonwealth. Il a mis deux Anglais, Gordon et Bob, deux frères, ingénieurs dans une firme américaine d'informatique implantée depuis peu dans la région. Alors, bon, pour ceux qui ne connaissent pas le rugby, il faut savoir que, déjà, un Anglais au milieu d'une attaque, c'est un contresens, mais deux, c'est comme un garrot au milieu du bras, ça te coupe la circulation.

C'est à se demander d'où vient l'expression « passe anglaise » ?

–Yoyo !... j'te sens pas, là, putain !... T'y es pas ou quoi ?...

C'est Bascot, il surveille les devoirs. Un vrai p'tit chef, le fils du président. Le chef de l'échauffement, le chef des attaques, le chef des coups de pied, le chef des chefs et le chef de tout !...

Il s'approche avec un air important. Capital, même :

– Attention, Yoyo !... Là, tu joues un client, OK ?... C'est Cazaly, je le connais, il joue à la fac avec moi. Il est encore junior, mais il va très, très vite... Paraît que Toulouse l'a demandé... Mais bon, il fait toujours la même chose... cadrage débordement... alors t'as compris, mon pote, tu me gardes l'extérieur !... Du sérieux, aujourd'hui, Yoyo, hein !...

Du sérieux, du sérieux... pauvre con, va !... comme si je croyais qu'on allait à la pêche aux moules...

Dans les vestiaires, les Gros sont en transe. C'est le zoo. Il n'y a que des lions et des ours qui tournent en rond. Boulard n'a pas encore mis son maillot. Il a le torse rouge dolpyc. Et il a beau être gras comme un cochon, il s'est passé deux tubes de vaseline sur le corps. De la vaseline sur son ventre, c'est un pléonasme physique. Manque plus que du sel, du poivre, un oignon et de la ficelle pour le passer au four, le Boulard.

L'arbitre nous a appelés. Alors, Pompon nous a réunis. Tout y est passé : les hommes, l'amitié, l'amour, la vie, la famille, la vie de famille, le monde, l'univers, le maire, la femme du maire, la mère de la Mouette, les couilles du

Crabe, et, et… Pompon n'a pas eu un mot pour moi. Pompon n'a jamais de mot pour moi. D'ailleurs, les mots pour moi, ça ne doit pas exister…

Dans le couloir, on est aligné en rang par deux. Par ordre de grandeur, comme à la maternelle. Les Gros d'en face, j'ai encore jamais vu ça. Ils sont énormes, ils ont l'air très méchants. Comme dit Pompon, ils sont morts de trouille.

Tiens, il est où le p'tit junior qu'est si fort… la future étoile du rugby français… ah, voilà… oh, le con !… mais c'est quoi, c'poulet, là ?…

– Dis donc, tu m'avais pas dit qu'il était encore junior, Cazaly ?…

Le chef des chefs se retourne :

– Quoi !… qu'est-ce qu'il y a Yoyo, t'as la trouille ou quoi ?…

– Mais non, pas du tout… j'me renseigne, c'est tout !

Pauvre type, va !

L'arbitre siffle et tout le monde rentre en file indienne. Bon, eh bien, ce Cazaly, il vient de me réveiller net. Et puis, faut que j'arrête de le mater, il va croire que j'ai la trouille. Surtout que… t'as pas la trouille, Yoyo, OK ?… D'ailleurs, c'est décidé, d'entrée, je lui pète dans sa gueule, à ce p'tit merdeux !… et puis tiens, c'est décidé aussi, aujourd'hui, je fais un grand match. Je ne resterai pas dans mon couloir à attendre que Bascot ait pitié de moi.

C'est parti. La balle s'élève très haut dans les airs, la Mouette aussi. Les deux se rencontrent et redescendent ensemble, main dans la main. Autour, cela s'organise, et j'ai déjà mon idée pour entamer le match plein pot. Pour mettre tout le monde à l'heure, à commencer par Cazaly.

La grosse tortue est sur le point d'accoucher. Je me mets

dans l'axe, et au moment où la Taupe, notre demi de mêlée, demande l'œuf, je crie :

– Dans l'axe !

Normalement, c'est le boulot de Bascot de se mettre dans l'axe de la mêlée, au coup d'envoi, et de rassurer toute l'équipe, en trouvant une belle touche aux cinquante. Alors, il est surpris Bascot, puis furieux. Trop tard, la balle est partie. Un amour de balle, vrillée, sur un chemin buissonnier, fait main par la Taupe, artisan demi de mêlée, elle me vient droit dessus. Et ce n'est pas le… « Yooooyoooo !… » beuglé a capella derrière mon dos par un Bascot exorbité qui changera quelque chose à mes héroïques intentions. Je la laisse donc glisser le long de mon corps et la fouette, sévère mais juste, d'un pied droit déterminé… putain, merde… le con !… j'ai complètement foiré le coup de pied. La balle atterrit directement dans les bras de Cazaly qui relance, qui tape une grande chandelle vers l'aile opposée, en direction de Cacou, lequel Cacou, pétrifié par ce coup du sort, a laissé échapper la balle. Cazaly l'a ramassée, puis marché sur Cacou, et plongé en coin. Essai transformé, 6 à 0, après une minute de jeu. Le destin, Yoyo. Le public siffle, Pompon fait des multibonds. Le destin.

Sous les poteaux, pendant la transformation, Bascot ressemblait à un serpent, avec du venin au bout de la langue.

– Yoyo, plus jamais ça, Yoyo !… il m'a craché à la figure… plus jamais ça !…

Avant le renvoi, Pompon s'est approché de mon couloir, et il m'a dit :

– Yoyo, viens voir !

Je suis allé voir. J'ai craint le pire, mais il a contenu son entière colère.

–Yoyo, je… je… Je préfère me taire…

Sans même finir, le « je » s'en est allé s'asseoir, et l'autre jeu a repris. Là, j'ai compris une chose, il vaudrait mieux que je rattrape ma boulette.

Les Gros s'expliquent en corps à corps. Mêlée, touche, puis mêlée. Pour nous. Ah, on va peut-être la jouer… Le Fœtus regarde le chef des ordres : chandelle annoncée !

–Yoyo !… tu montes, hein ?… il me crie, je veux te voir le premier dessous !

Je monte, je monte, évidemment que je vais monter, gros con !… j'vais pas rester là et commander un soufflet au fromage !… Allez, la Taupe pour le Fœtus, et « baououm »… la balle qui s'éloigne verticalement, et Yoyo qui se rapproche horizontalement. Sur une chandelle, c'est simple, si tu veux décalquer l'arrière, il faut calculer intelligemment sa course en fonction de la trajectoire du ballon. L'idéal, c'est d'arriver sur l'homme en même temps que la balle… merde, trop tard !… Voilà, c'est tout moi, ça, je cause, je cause et j'suis pas concentré… tant pis, je plonge… raté ! En revanche, Gordon, lui ne l'a pas loupé. Je n'ai pas eu le temps de voir, mais j'ai entendu un gros « SCHTOUM ! » très sec, et du coup, leur arrière a lâché la boule devant lui et le public a applaudi. La frustration typique que peut ressentir un ailier. C'est grâce à moi si Gordon a pu lui coller les côtes. C'est parce que j'ai plongé à en être ridicule que l'arrière, en m'évitant, a perdu du temps pour dégager et que Gordon, lui, a pu arriver à temps. Seulement, ça, il n'y a que les connaisseurs qui le savent. Mais ici, dans les tribunes, je suis sûr qu'il n'y a que des cons.

–YOOYYOO, RECUUUULE !…

Tiens, ça faisait longtemps que je ne l'avais entendu, le chef des ordres.

Touche pour eux, faute, mêlée, touche pour nous. Puis mêlée, puis touche, puis la Taupe, puis touche, puis re-touche, puis épuisant. Parce que Yoyo, lui, accroché à son fil blanc, monte, descend, puis remonte, puis redescend… C'est pas comme ça que je vais pouvoir réparer ma boulette. Quand je pense que cette nuit, j'ai rêvé que je marquais sept essais. Même qu'on me sélectionnait en équipe de France. C'est mon truc, le rêve. D'ailleurs, c'est un truc d'ailier.

Tiens, ne rêve pas trop Yoyo, les trois-quarts d'en face sont en train d'attaquer. Pour l'heure, ils se sont regroupés avec certains de leurs avants et je ne serais pas étonné qu'ils renversent de mon côté. Tiens, j'aurais dû parier. Et qui je vois débouler comme un taureau : Cazaly !… Tant mieux, on a quelques comptes à régler tous les deux… En plus, c'est impeccable, j'ai du champ pour le travailler en défense. Vu qu'il prend toujours l'extérieur, ça va être un jeu d'enfant. Justement, le p'tit athlète prétentieux prend « l'exter »… De toute façon, je ne lui laisse pas le choix… Ça c'est de la défense, Yoyo… Toréer, mettre à mort, la grande classe, Yoyo… Allez viens-y, Cazaly !… Viens t'empaler sur tonton Yoyo !… quatre mètres… trois mètres… tu sais qu't'en as de la chance, mon bonhomme, tu vas voyager gratos !… deux mètres… ah ! il en veut du « SCHTOUM » le public, il va en avoir… Hé ! regardez-moi ça, le p'tit con tente l'accélération… mais c'est qu'ça croirait au Père Noël… À son âge !… Allez, Yoyo… un mètre… de la haine… c'est bon, Yoyo, les côtes, vise les côtes… réparée, ta boulette… oubliée… les compteurs à zéro… Ce Cazaly, tu vas me le dét… oh, putain le con !… crochet intérieur !… Me voilà sur la cendrée, aux pieds d'Pompon et les mains vides. Merde, merde et merde, putain de merde !... Pompon est debout, les mains sur la tête. Il regarde Cazaly filer à l'essai le long de la ligne de touche, que dis-je, de MA ligne de touche, dans MON couloir. Pendant ce temps, Bascot, qui n'est pourtant pas le chef des placages, lui a coupé la route en travers ; il le pousse du bout des doigts et Cazaly met un pied en touche. À trois mètres de notre ligne d'en-but. C'est drôle, c'est pas la Saint-Yoyo, mais je sens que ça va être ma fête. Je me relève pour filer, mais Pompon a repris ses esprits. Il hurle. Je ne parierais pas, mais je crois bien que c'est pour moi. Bascot est resté au sol. Il nous fait le coup à chaque fois. Ça renforce l'exploit. Allez, il nous fait même le coup de refuser le soigneur. Je vous rappelle qu'il a juste poussé Cazaly du bout des doigts des fois que vous le penseriez au bord de la tétraplégie. Ça y est, il se lève, il boite, il est applaudi.

– Tu me fais chier, Yoyo, t'es une vraie plaie, putain !

Un jour, je vais prendre ma voiture jusqu'à chez Bascot, me garer en bas de son immeuble, puis monter par l'ascenseur, je vais sonner à sa porte, et, au moment où la porte va s'ouvrir, je lui filerai d'abord un grand coup de pied dans les couilles, puis je lui crèverai les yeux avec des grandes aiguilles à tricoter, je lui arracherai toutes les dents avec une tenaille et le finirai en lui enfonçant un énorme pieu dans le ventre.

Bebel me console tout en me conseillant de faire quand même attention... de soigner ma défense !

Il est gentil, Bebel, mais j'suis pas malade. Touche pour nous, tapette du Polak, la Taupe pour Bascot, touche.

– YOOYYOO !... TON COULOIR !

C'est fou, le fils du président, il est incapable de parler

doucement. Je cours marquer la touche. C'est sûr que je suis loin au classement des marqueurs d'essais. Par contre, à celui des marqueurs de touches, je dois être en tête.

Pas grave. Ne te déconcentre pas Yoyo, t'as deux boulettes à rattraper. Reste concentré. Tiens, j'ai oublié de demander où on dînait après le match… La Mouette est parti fermé, attention, je précise, côté Cacou bien sûr, sinon, vous imaginez bien que je ne serais pas là en train de vous raconter tout ça… Donc, je ne sais pas où l'on va dîner. Par contre, je sais où l'on va terminer la soirée… au Macoumba ! C'est la seule boîte de nuit ouverte le dimanche soir dans la région. Alors, c'est bien, y a tous les rugbymen de toutes les équipes de toute la région qui y finissent leur soirée. À quatre heures du matin, t'as d'un côté, cinquante-quatre bonshommes bourrés prêts à tuer pour découaner de la greluche et de l'autre, deux femmes. La femme du patron, un ancien légionnaire, qu'évidemment personne n'ose approcher, et Karine, leur fille, que personne n'ose regarder.

Tiens, l'arbitre vient de siffler le Polak. Selon ses gestes, il s'agirait d'un coup de poing. Pénalité pour eux, dans nos quarante mètres, face aux perches !… Évidemment, au Polak, on ne lui dit rien !… J'devrais mettre des coups de poing, parfois, tiens ! Allez, entre les barres… 9 à 0 pour eux. Il va être content, Pompon ! Justement, il est debout sur le bord du terrain, parce que l'arbitre vient d'éteindre la première mi-temps en soufflant sur sa bougie.

Béniate a apporté ses oranges. Maintenant, on s'est tous regroupés autour de Pompon. Il nous regarde un par un sans un mot. C'est pas bon, ça, quand il ne dit rien, Pompon. Il fait une tête, on dirait qu'il a bouffé des huîtres avec la coquille.

– C'EST, C'EST, C'EST… COMPLÈTEMENT NUL !… VOUS ÊTES À CHIER, PUTAIN DE MERDE ! ET EN PLUS VOUS ME FAITES CHIER, VOILÀ !

Voilà, c'est sorti. On dirait que ça lui a fait du bien. Quand il est en colère, Pompon, il cherche ses mots, et comme il n'a pas toujours le temps de les trouver, il revient à la base, « chier-merde-putain »…

– Bon, allez les gars, enchaîne la Mouette… neuf points, c'est rien… il faut qu'on soit plus soudé, bien groupé et ça paiera !… collectif, les mecs !… on n'y est pas, là…

Vous ne pouvez savoir à quel point cette expression est purement rugbystique.

– Ouais, il a raison, la Mouette, reprend vite Pompon. Vous z'avez pas envie… alors, on me reprend tout à zéro, c'est compris… d'abord, plus un ballon à l'aile… derrière, tout en l'air et devant, tout dedans !… Ces types, je veux qu'ils se souviennent de leur passage ici, OK ?… que rien qu'y z'entendent le nom de la ville, qu'y z'aient envie de dégueuler partout… voilà, c'est bien compris ?… qu'y z'aient plus envie d'y revenir, même pas de s'approcher du département, putain, c'est simple, non ?… QU'Y Z'AIENT MÊME PAS ENVIE DE TÉLÉPHONER DANS LA RÉGION !…

Du coup, la sonnerie de l'arbitre a retenti.

La belle olive est montée, et puis elle est redescendue, et puis, et puis stop, elle est immobile sur la pelouse, il y a bagarre. Et pim… et pam… les consignes de Pompon sont respectées aux pieds et aux poings. Pénalité pour eux… C'est la moindre des choses… touche maintenant. Le public gronde, il aime ça, il en redemande, il va être servi… Le Crabe a remis en touche, et le Polak a remis ça !… pim ! pam ! poum !… deuxième bagarre. C'est-à-dire que le Polak, question maîtrise de soi, il s'est arrêté en première année… mais… mais… mais qu'est-ce qu'il fout, ce con ?… Le Cazaly, il a traversé tout le terrain pour aller décrocher le menton de Chimez par-derrière… houlala, si c'est pas vilain, ça !… Et Chimez est au sol, K.-O., dis donc !…

L'arbitre siffle pénalité pour nous, aux soixante mètres.

Du coup, Cazaly revient dans son coin, et donc, dans mon coin.

– Bande d'enculés, il me dit p'tit junior… Si vous voulez jouer à ça, vous allez voir !…

C'est fou, la chance, quand elle est aussi tenace. Les statistiques sont pourtant formelles, sur dix ailiers, il y en a neuf qui détestent se battre. Il faut que je tombe sur le dernier, dis donc ! Enfin, le Cazaly, il peut s'énerver tout seul, parce que les statistiques de Yoyo sont encore plus formelles : sur dix Yoyo, y en a pas un qui bouge !

La Mouette a dû désigner les poteaux à l'arbitre car le chef des pénalités s'est approché de la gonfle. Quel prétentieux, ce Bascot, tenter une pénalité de soixante mètres. Il nous fait un cinéma, et que je demande un peu de sable à Béniate, et que je pose ma balle avec la couture dans le bon sens, et que je prends mes cinq pas d'élan, puis mes deux de côté… en plein Tournoi des Cinq Nations, le Bascot… et… putain, il la met, ce con !… c'est pas possible !… soixante mètres presque en coin… il a un de ces culs, ce mec… Rappel du score :

RCGT : 3 – Visiteurs : 9.

À l'engagement, cette fois, ce sont les Gros d'en face qui ont allumé quelques mèches. Pénalité pour nous, vite jouée par la Taupe… enfin, quand je dis vite jouée, cela se traduit par une grande chandelle sur l'arrière. Nos Gros foncent sur lui tête baissée, Gordon et son frère Bob aussi. L'ambiance est chaude : Allez les bleus !… Enculés, les rouges !… Allez les bleus !… L'arbitre, pédé !… Le quatre rouge !… Putain, mais qu'est-ce que j'fous là, moi, à contempler… Yoyo, merde, monte !… Leur arrière est pêché à la dynamite, il gît au sol, le ventre ouvert… j'avoue que j'ai rêvé un millième de seconde de voir Bascot dans le même état. La balle a roulé, Fœtus prolonge au pied… putain de mon côté !… vas-y, Yoyo… c'est pour toi, cette balle qui roule vers l'en-but… Incroyable, cette chance… accroche-toi, Yoyo, t'as un temps d'avance sur Cazaly, le temps qu'il se soit retourné… allez, Yoyo, c'est bon… c'est l'essai de Yoyo… c'est l'effacement des boulettes… c'est… putain, c'est qui ce con ?… la Taupe, merde !… La Taupe qui a plongé devant moi, le fumier, sous mon nez… Essai !… 9 à 7 ! Le public jubile, Pompon est renversé de bonheur… Ah, le voleur de la Taupe… Voilà, Yoyo, t'es parti en retard et voilà !

RCGT : 7 – Visiteurs : 9.

La Mouette nous rameute :

– C'est pas fini, les gars !…

Bascot a raté la transformation. Il va être de mauvaise humeur.

– Yoyo, attention, il me souffle en se replaçant, pas de conneries, hein ?… On est revenu, alors, plus de conneries, OK ?

Bascot, tu es vraiment le chef des cons.

Renvoi : bagarre !

L'arbitre siffle à pleins poumons. Furieux, il convoque les deux capitaines.

La Mouette revient :

– On calme le jeu, maintenant les gars !... parce que le premier qui bouge, il le sort, d'accord ? Alors, on est tout près de l'exploit, c'est pas le moment de disjoncter... Bebel, traduis au Polak, on ne sait jamais, s'il ne comprend pas...

C'est pas que Bebel parle le polonais, mais le Polak fricote depuis deux piges avec sa frangine, alors, ils sont habitués à communiquer par signes. Pendant que Bebel montre ses pompes au Polak en faisant non de l'index, Pompon, de son banc, donne un cours de conseils en victoire :

– Bon, y a pas le feu les gars, il reste une demi-heure, hein, d'accord ? Alors, c'est simple, d'abord, on va chez eux, et ensuite on (il a marqué un temps de réflexion), on reste chez eux, voilà !

Ça, c'est de la tactique, Pompon !

Une demi-heure à jouer ! J'ai trente minutes pour rattraper mes conneries. Au rythme où je touche la balle, ça va tenir d'un miracle. Bon, allez, t'énerve pas Yoyo, reste calme. Il a raison, la Mouette, y a pas le feu. Une demi-heure, c'est... plein d'espoir. Cela peut même être trop long. Tiens, voilà, je sais ce que je vais faire, un truc génial, et hop, je sors, blessé. Ça c'est la grande classe.

Justement, Fœtus tape en direction de la touche. Je monte... la balle sort, elle est même touchée par un spectateur placé derrière la main courante. Ils ne peuvent donc plus la jouer rapidement, tant pis je monte, j'accélère même... ça ne sert à rien, mais Pompon, il aime. Les genoux bien haut, devant la tribune présidentielle, ça fait sérieux, concerné par le match... JE-MAR-QUEUH-DONC-LA-TOU-CHEUH.

– Voilà, c'est bien Yoyo, c'est du beau boulot d'ailier !

Il est content, Pompon.

Touche pour eux, ils récupèrent la gonfle, tiens-toi prêt Yoyo, il va la taper. Non, il la joue… le douze, le treize… hop ! en avant !… mêlée pour nous, dans leurs trente mètres. Bascot commande une Kangourou. C'est l'ouvreur qui donne au premier centre, lequel part en travers, fait semblant d'envoyer au large et croise avec l'arrière, en l'occurrence Bascot. Cette combinaison, elle a cinquante ans. Même chez les vétérans, ils n'osent plus la faire. Allez, c'est parti ! La Taupe pour Fœtus, Fœtus pour Gordon qui part en travers, qui… qui… eh bien, qui garde la balle pardi !… C'est terrible Gordon, il enterre autant de bonshommes en défense que de ballons en attaque. C'est un cas typique de pathologie anglaise. Un jour, on ne va jamais retrouver le ballon. Y aura plus qu'un petit tas de terre, telle une tombe que l'on viendrait à peine de refermer, avec une plaque de marbre et ces inscriptions mortuaires :

ICI REPOSE LE BALLON DU JEU DE RUGBY
ENSEVELI DANS LA SÉPULTURE FAMILIALE
DES BONNES INTENTIONS.

La Kangourou a débouché sur une mêlée pour eux. Bascot est furieux que Gordon ne lui ait pas donné la balle, mais ne dit rien. On ne dit jamais rien, à Gordon. C'est qu'il fait peur, le con !

Un truc génial, Yoyo, et hop, tu sors, n'oublie pas !

Leur ouvreur trouve une touche du côté de chez Cacou. Boulard récupère la béchigue pour le lancer. Dire qu'il y a pas vingt ans, c'étaient les ailiers qui le faisaient. Ça changeait tout, c'était un truc à devenir indispensable, voire irremplaçable. Le rêve, Yoyo indispensable, Yoyo irremplaçable. Non, non, désolé, on peut pas gagner aujourd'hui, Yoyo n'est pas là, les gars !…

Mêlée pour nous dans les vingt-deux mètres. Bascot parle avec Fœtus et annonce une combinaison que, trop éloigné, je n'entends pas.

– Fœtus ! je hurle.

Trois fois pour qu'il se retourne.

– Qu'est-ce que tu veux encore ?

Je n'ai pas beaucoup apprécié le « encore ».

– Qu'est-ce qu'on fait ?

– C'est pas pour toi, Yoyo !

Demain, j'écris à l'International Board à propos de cette règle de l'ailier-lanceur.

Mister Board,

Would you like please reconduce the famous rule about l'ailier-lanceur et all the tralala…

La mêlée est à refaire. Mais l'introduction est pour eux, cette fois-ci. Mettant ainsi en péril les intentions des Bascot, Fœtus et consorts. J'en suis heureux, je rigole. Un exploit, et hop, à la douche. Allez, concentré !… Leur mêlée pond un œuf tout chaud. Le neuf pour le dix et poum !… mais… mais ne serait-elle pas en train de prendre ma direction, l'Arlésienne ? Un petit regard autour me le confirme, je suis bien seul et la balle qui arrive m'est destinée. Bon, panique pas, Yoyo, premièrement, s'organiser. Où suis-je ?… aux quarante mètres légèrement collé à ma ligne de touche. Bon,

OK !… Autre indication non négligeable, la balle ne trouvera pas la touche. Elle m'a choisi. Que dis-je la balle… la Belle !

La balle va vers Yoyo.

La belle est pour Yoyo.

Que vive la balle.

Que vive la belle.

ET VIVE YOYO !

Je perçois déjà ton parfum. Mélange de cuir ciré, de terre collée et d'algipan. Viens, petite fleur, tu es mon désir insatiable, tu es mes rêves et mes cauchemars. Tu es là, tu arrives, viens !… Ah, mais que vais-je faire de toi, c'est que je n'y ai pas encore pensé et l'heure de l'atterrissage approche. Te relancer, te rejouer au pied ?… D'abord, quel est le score ?… 9 à 7 pour eux… Nom de Dieu !… Mais bien sûr !… Sept plus trois, dix… 10 à 9 pour nous… LE DROP, YOYO !… Le drop de la victoire ! Le drop de l'exploit de Yoyo !… Réparées, oubliées, enterrées, les boulettes du début. L'exploit et tu sors, Yoyo, en héros !…

Tiens, elle siffle au vent, maintenant. Ce bruit est si discret que seuls ses amants peuvent l'entendre. Viens, bel enfant, viens te blottir dans mes bras. Sans moi, pauvre enfant, tu t'écraserais sur le sol. Je vais te sauver de la catastrophe, je vais te présenter à mon ami le bonheur…

– J'AIIIII !…

Ah, ah, ah, je rigole, le chef des « j'ai », dis donc.

– YOYO, CASSE-TOI, J'AIII !

Mais tu n'as rien, Bascot. C'est ma balle. Elle m'a élu, elle ne veut pas de toi. Tu n'as plus rien, mon p'tit gars ! Et bientôt, tu ne seras plus rien, car dans un instant, la foule va m'applaudir, m'admirer, et toi Bascot, TU ME PORTERAS

EN TRIOMPHE. Alors, regarde-moi !... Voilà, réception de la balle, impeccable, dans le berceau !... et hop, les appuis en position, le pied qui va chercher très loin son élan, l'œil qui localise l'entre-perches, ça, c'est de la belle école de rugby, mon pote... attention, Yoyo, le vent est de travers, vise le poteau de droite... et puis le plus beau, l'accomplissement, la jouissance, le geste suprême, le geste précis, le geste définitif, le drop, la victoire !... et BAOUM... et... putain, le con !... Merde, merde, merde et merde ! Et putain de merde, tiens, c'est pas possible !

La balle est bien montée, mais complètement de travers, en direction de Cacou. Et merde, merde, et merde, tiens ! Et le public qui gronde, et Cacou qui va prendre mon drop chandelle sur le crâne... vite, Yoyo, l'aider, sauver les meubles ! et puis non, rester, ça ne sert plus à rien. C'est trop loin, c'est trop tard... Cacou rate la balle... Houlala... Houlalalalala... il se fait encore marcher dessus... les autres jouent la balle très vite... c'est la panique, je suis figé net, cloué... essai pour eux... treize à sept ! Cacou est resté au sol... le tableau est noir *(voir page 31)*.

L'essai n'est pas transformé. Je n'ai toujours pas bougé depuis tout à l'heure. Aveugle, j'aimerais être. Cacou est encore au sol, aplati. C'est son deuxième K.-O. de l'après-midi. Du coup, Petit-Jean s'échauffe. C'est un ailier aussi. Un bon p'tit joueur, Petit-Jean. C'est vrai que parfoi, je me demande pourquoi il n'est pas titulaire à la place de Cacou. Il a une sœur adorable, Petit Jean.

– Yoyo !

Aïe, Pompon.

– Viens voir par ici deux minutes, va...

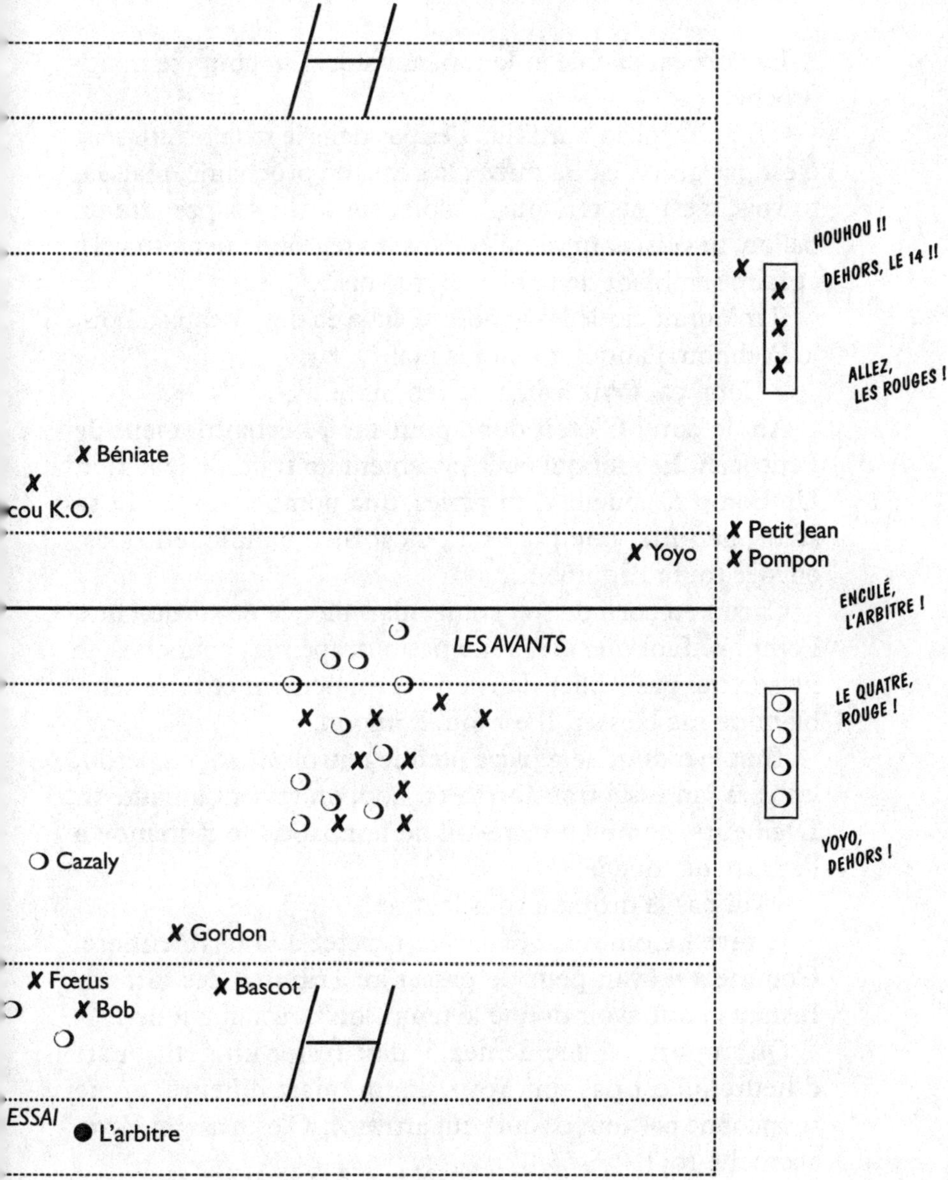
HOUHOU !!
DEHORS, LE 14 !!
ALLEZ, LES ROUGES !
Béniate
cou K.O.
Petit Jean
Pompon
Yoyo
ENCULÉ, L'ARBITRE !
LES AVANTS
LE QUATRE, ROUGE !
YOYO, DEHORS !
Cazaly
Gordon
Fœtus
Bascot
Bob
ESSAI
L'arbitre

La voix est souple et le ton, aimable. Du coup, je m'approche.

– Bon, Yoyo, aujourd'hui, t'es pas dans le match… tu sais, c'est pas grave, ça ira mieux la semaine prochaine, mais là, tu vois, c'est pas ton jour… alors, euh… tu vas prendre un ballon, tu vois, et tu vas aller dans un regroupement, tu vois, et faire semblant de te blesser, tu vois…

Il m'aurait ciselé les genoux à vif avec des ciseaux à bois, le Pompon, j'aurais eu moins mal.

– Com' ça, Petit Jean, il te remplace…

Ah, le con ! C'était donc pour moi, l'échauffement de Petit Jean. Et moi qui étais justement en train de le flatter. Un bon p'tit joueur… tu parles, une pompe, oui !… Et sa sœur, gentille, une pute oui, c'est bien simple, elle s'est envoyé toute l'équipe !…

Cacou est sorti de son coma, mais moi, je ne sortirai pas, Pompon. Tant que je n'aurai pas rattrapé mes conneries, je ne sortirai pas ! Aller dans un regroupement et faire semblant de me blesser. Il est fou, Pompon.

Tout le monde se replace pour le renvoi. C'est pas perdu, les gars, un essai transformé et, hop, on revient à hauteur. D'ailleurs, combien reste-t-il de temps ?… Je demande à l'arbitre de touche.

– J'ai pas le droit de vous le dire !

Je rêve ! Comme si j'allais le répéter à la terre entière. Comme s'il avait peur de passer au Tribunal des Grands Instants pour avoir donné le temps qu'il restait à jouer.

Qu'importe, à vue de nez, il doit rester un petit quart d'heure. C'est pas fini, Yoyo, en un quart d'heure, on ne soupçonne pas tout ce qui peut arriver… C'est pas fini, Yoyo, accroche-toi !

– Yoyo ! m'interpelle Pompon juste avant le renvoi. T'as compris, hein ?... Regroupement et, tac, blessure !...

C'est ça, Pompon !

À la remise en jeu, leur ouvreur distille une superbe chandelle. Direction Bascot. Leurs deux centres ont l'air sacrément motivés. Surtout que, comme la balle va redescendre avant notre ligne des vingt-deux, Bascot ne pourra pas faire de marque pour se défendre. Tiens, y a Cazaly qui monte aussi comme un taureau. Allez, régalez-vous, les vautours.

– J'AIII !... qu'il crie.

T'inquiète pas mon ami, t'es tout seul sur le coup. Personne ne la veut, celle-là. Visez bien les côtes, les gars, je vous en supplie, qu'il ne puisse plus parler pendant des années. La balle redescend, y va manger, Bascot. Encore deux secondes et c'est lui que Petit-Jean va remplacer. En attendant, Yoyo, va patrouiller dans le quartier, on ne sait jamais, à défaut de marquer un essai, tu pourrais en sauver un. Ça y est, Bascot s'est positionné sur ses postérieurs. Cazaly arrive le premier pour le rendre amnésique, suivi des deux centres... oh, putain, le con !... prise de balle à une main, déhanchement, contre-pied et hop, tout le monde à la pêche au mérou. Coup de pied en touche... du grand art !... ah, le fumier ! Mais il est cocu, ce con, c'est pas possible. Je suis sûr que son père envoie des pots-de-vin au bon Dieu. La tribune est debout.

Je le hais, Bascot.

– YOYOOO !...

Tiens, cette voix ? C'est pas Bascot, c'est pas Pompon, c'est pas la Mouette... Non, pas lui ?...

– Tu te blesses et je rentre, t'as compris ?... t'as fait assez de conneries comme ça !

Petit Jean, dis donc ! Il n'est même pas sur le terrain, même pas titulaire et il cause.

L'exploit, Yoyo, tout de suite, vite...

La touche est transformée en mêlée, introduction pour nous.

– Yoyo, on la joue, viens !

Tiens, cette voix... cette voix... BASCOT ! Bascot qui me propose de venir jouer un ballon ?... À moi, Yoyo ? Le méchant Bascot deviendrait gentil ?... Ça pue l'embrouille, Yoyo, ça pue !...

– Viens, Yoyo, il insiste, c'est pour toi, on fait une Gourdon.

J'ai compris, c'est le piège. Cette combinaison, elle est au millimètre. Si tout est bien orchestré, je dois passer dans un trou de souris. Sinon, je suis broyé. Et ça tombe très mal, c'est Bascot le chef d'orchestre. Ça pue le piège. En même temps, Yoyo, c'est ta seule chance de faire un exploit... de rattraper tout d'un seul coup...

C'est ainsi que, au moment où la gonfle quitta les mains de la Taupe, Yoyo s'élança pour l'exploit. Sur la Gourdon, le demi d'ouverture devait prendre la balle, la donner au premier centre, lequel faisait semblant de la redonner au demi d'ouverture qui redoublait, pour finalement surprendre tout le monde en offrant la boule à l'ailier côté fermé à l'intérieur, c'est-à-dire à Yoyo, c'est-à-dire peut-être à l'exploit... Fœtus donna donc la béchigue à Bob, puis fit semblant de le redoubler. Bob, pour sa part, amorça l'énorme feinte de passe anglaise au Fœtus pour donner à Yoyo. Et, alors que tout le monde attendait le choc, l'accident, alors que le piège à Yoyo était tendu, que le mur allait l'écraser, que Petit Jean allait enfin jouer... Yoyo, cheveux au vent, transperça la défense... La tribune en avait roté d'admiration… mirage ?… miracle ? Yoyo ne courait pas, Yoyo glissait… Fini, le Yoyo-Marqueur de touche, voilà Yoyo le Génie… Accélération… Yoyo l'Imprévisible… Crochet intérieur… Cadrage débordement… Yoyo brillait… Yoyo volait vers l'essai. Celui du rachat, celui de la vengeance, et surtout celui de la victoire… Yoyo sauvait !… Pompon était debout, béat, Bascot était immobile, jaloux…

Mais, alors qu'il allait marquer l'essai de la victoire, effacer ses bourdes, venger ces années passées en salle d'attente, ce jour-là, à cette seconde-là, ce Yoyo-là fit tout basculer, et pas que le match. Il entra bien dans cette partie du terrain si convoitée, si peu foulée, l'en-but, mais le traversa sans aplatir, balle sous le bras, puis disparut dans le couloir des vestiaires, laissant derrière lui adversaires, partenaires et spectateurs sans vie. L'arbitre, tout aussi hagard, et d'autant plus embarrassé qu'aucun des points du règlement ne prévoyait ce cas de figure, flotta longtemps dans l'indécision. Puis tous allèrent aux vestiaires pour chercher et raisonner un gosse encore hilare de sa bonne plaisanterie…

En vain, ce Yoyo-là, à cette seconde-là de ce jour-là, n'avait pas plaisanté. Il était tout simplement parti avec son ballon sous le bras. Ses affaires étaient là, sa voiture aussi, mais de Yoyo, point. Il s'était évaporé, on ne le revit jamais plus. Yoyo avait coupé son fil blanc dans un froissement d'aile, et laissé Pompon, Bascot et tous les autres livrés à leurs mauvaises consciences. Depuis, sur ce terrain, dès que l'on entend le hurlement d'un ailier trop souvent oublié, on sait désormais qu'il ne s'agit plus d'un simple petit bruit de couloir.

Si on était vraiment patriote, on ne changerait jamais de camp à la mi-temps.

L'arbitre est parfois un mauvais flic,
il arrête souvent le jeu et rarement les coupables.

LA MÉLODIE DU BONHEUR

Quand le curé s'installa dans le compartiment, l'air triste, ce n'était encore qu'une histoire banale d'un train qui partait pour quelque part. Bien sûr on pouvait trouver mieux comme début d'histoire que le départ d'un train sur le quai d'une gare. À un détail près. Ce curé n'était pas un curé comme tous les autres, il s'agissait du curé le plus célèbre de France, le curé le plus adulé des adolescents, le curé de Camaret.

Il était triste, ce curé. L'Église venait de le licencier. Elle en avait eu ras les cloches d'entendre ces milliers de mômes vanter qu'à Camaret il y avait un curé dont les grosses couilles pendaient tellement que rien qu'en s'asseyant dessus elles lui rentraient dans le cul. Ça, pour l'Église, c'était impardonnable… Amen !

Elle avait donc tranché, le curé de Camaret ne serait plus de Camaret. Le curé de Camaret ne serait plus curé ! C'est qu'il avait fait du tort, ce troufion de l'armée du Ciel. À Camaret, les curieux venaient par milliers pour admirer la bête. Le village en avait presque fait un héros. On vendait des petits curés assis sur des grosses couilles. En bois, en marbre et même en plaqué or. Avec ces terribles inscriptions : *Souvenir de Camaret.*

Tout à l'heure, la jeune équipe de rugby du village était venue lui rendre un dernier hommage.

– Nous, on vous regrettera, mon père, ils avaient dit. En vous perdant, on perdra une grande partie de nos dimanches !

Il était triste, le curé. Il se rendait chez son amie, la mère Michelle, qu'avait pris sa retraite au milieu de la France.

Le curé de Camaret était donc parti à l'aube. Sur l'coup des sept heures, sept heures dix. La rosée faisait encore des perles. Au loin, dans la rase campagne, il aperçut la petite Félicie. Dans le compartiment, il y avait une voyageuse étonnante. Une jeune adolescente, vêtue comme une paysanne. À ses pieds était posé un sac de joncs. La jeunette pleurait, pleurait, pleurait. Et un curé, même chômeur, ça pouvait pas laisser une môme chialer comme un gros nuage percé, sans tenter la confession. La gamine vivait un vrai drame. Elle s'appelait Jeanneton, et elle fuguait. Tout ça parce qu'un jour, alors qu'elle allait couper le jonc, la faucille à la main, en chemin, elle rencontra trois jeunes et beaux garçons. Et elle, la naïve, elle avait cru que c'était juste pour ses beaux yeux. Que les gaziers, y z'allaient lui payer à boire et lui amener des sandwiches au pâté et aux cornichons et l'aider à couper ses joncs... tu parles ! Figure-toi que les trois p'tits voyous avaient tenté la chose. Ils avaient profité que la Jeanneton avait les mains occupées par la faucille et le sac de joncs pour abuser. Alors, le premier un peu timide lui chatouilla le menton, mais derrière, le cauchemar... les nichons et tout le bastringue qui va avec... Et comme, dans la région, ça s'était su, elle ne pouvait plus couper du jonc tranquille-peinarde sans que tous les garçons ne lui courent derrière pour lui toucher les nichons. Vous imaginez comme ça doit être fatigant… « Hé, Jeanneton, viens, on va toucher les nichons !… Tiens regarde mon gros jonc !… » Le curé de Camaret comprenait mieux pourquoi elle fuyait, la p'tiote !

Donc là, évidemment, l'histoire n'avait plus rien de banale. Même si, au départ, un curé qui console une môme qui chiale de gare en gare, ça fait seulement cueillette aux sentiments, n'oublions pas que c'était tout de même le curé de Camaret en personne et Jeanneton elle-même. On pouvait donc craindre le pire ! Et justement…

– Mon père ! salua un homme qui venait de s'asseoir accompagné d'une dame.

– Mon fils !… ma fille !

Le train reprit son train-train. L'homme était très laid, pensa le curé. C'était à se demander comment elle pouvait faire, sa femme ? Un peu plus tard, l'homme très laid sortit d'un panier un énorme fromage.

– Oh, Dudule, dit la femme, qu'est-ce qui pue ton fromage !

– Chérie, tu sais très bien qu'un frometon qui sentirait bon, ce s'rait pas un fromage…

– Honnête, je sais !… coupa sa chérie.

– C'est comme le con, chérie, ça doit sentir le con, et pas sentir…

– La violette… je sais !

– Mes enfants… coupa le curé… il y a une enfant !

– Pardon, mon père, dit Dudule en coupant son fromage, mais y a pas à s'faire des gros nœuds avec la nature… un con, pour que ça r'ssemble à un con, faut qu'ça sente le con…

Le curé allait intervenir énergiquement mais Jeanneton éclata de rire. Celle-là même, l'enfant du drame, celle qui n'arrêtait plus de pleurer, elle venait d'éclater de rire. Le miracle !

– Vous voyez, mon père, conclut Dudule, ça fait même rire la p'tiote… c'est la nature qu'est comme ça… faut pas essayer d'faire des cakes dans des moules à quiches…

Le père pardonna. Surtout qu'il avait la morale fragile, lui, le curé de Camaret, avec la remorque qu'il tractait sous la soutane. Il préféra s'intéresser à ce couple intrigant.

– Vous venez d'où ? demanda-t-il.

– Raconte, maman, raconte d'où c'est qu'on vient ?

Mme Dudule se mit à narrer leur histoire. Au départ, Dudule et elle étaient deux amants qui s'aimaient tendrement. Et du soir au matin, ils marchaient la main dans la main. La vraie histoire d'amour, quoi !… Pourtant, cet amour intriguait. Surtout à l'atelier de couture où Mme Dudule turbinait. C'est que ça piaffait dans leur dos. Et comment elle fait ? Il est tellement laid, son Dudule, il est mal fait, et en plus, il a pas une thune. Alors, ses copines de l'atelier, elles commençaient à trouver ça louche. Et forcément, un jour, elles lui ont posé la grande question :

– Qu'est-ce qu'il a donc, ton Dudule ?

C'était aussi la question que se posaient et le curé, et Jeanneton, en matant Dudule finir son fromage.

– Alors ? s'impatientèrent les deux curieux, pourquoi vous l'aimez tant, vot'Dudule ?

Et elle gentiment répondit :

– Z'en faites pas les amis, moi ce que j'aime en lui, c'est sa bite, mon père !... la grosse bite à Dudule !

Voilà, on craignait le pire, et là, on était servi !... Bien sûr, on aurait tous préféré qu'elle aimât Dudule pour ses yeux, pour sa gentillesse, pour sa bonté, pour sa tendresse, pour son honnêteté, ou encore pour... pour ses épaules, par exemple, ou ses doigts de pied. Eh ben non, elle, ce qu'elle aimait chez Dudule, c'était sa bite. Qu'est-ce qu'on pouvait y faire ?

– Et je vous passe les détails, elle avait ajouté, mais quand y m'la carre dans...

– Ah non, pitié, madame Dudule ! coupa le curé.

– Mon père, enchaîna Dudule en se curant les dents avec les doigts... la nature, c'est la nature... les poissons, on a beau faire, y s'ront jamais poilus, c'est comme ça !

– Et vous allez où, là ?... demanda le curé pour savoir à quel genre de hasard il devait cette rencontre incongrue.

– Les vacances, mon père ! répondit Dudule... c'est qu'on voudrait faire un p'tit Dudule avec maman, alors on a pris une semaine dans un p'tit hôtel deux étoiles entre Nantes et Montaigu. Attention, avec vue sur la digue. Elle nous inspire, cette digue, pas vrai, maman ?

– Ça, on peut pas nier !

– Et vous mon père, vous venez d'où ?

Le curé hésita un moment, mais ne pouvait mentir. Même au chômdu, les dix commandements pesaient encore.

– De Camaret !

– Crénom de Dieu d'enculer un pendu ! s'exclama Dudule. C'est vous le curé de Camaret ?

Aïe, le père ne pensait pas être à ce point célèbre.

– Tu t'rends compte chérie, le curé de Camaret, là, devant

nous, en chair et en os !… dis donc !… vous pourriez pas me faire un p'tit autographe ?… et pis une photo…

– Qu'est-ce que vous avez de si spécial, mon père ? demanda Jeanneton soudain curieuse.

– Comment, dit Dudule, t'as jamais entendu causer du curé de Camaret, la p'tiote ?

– Non !

Le curé ne savait plus où se mettre.

– Allez mon père, demanda Dudule, montrez-lui l'paquet à la p'tiote !

– Dudule, enfin, calma Mme Dudule.

– Écoute chérie, faut qu'elle sache, la môme, la nature, c'est la nature, faut pas essayer d'tuer des mouches avec un casse-noix…

– Allez, mon père, implora Jeanneton.

Le désormais ex-curé de Camaret se signa, et souleva sa soutane.

– Nom d'une pipe ! s'écria Dudule, c'est pas légende, regarde chérie !… ça, c'est d'la boulette !

Du nombril au con, Mme Dudule apprécia la vision. Quel attelage ! Et dire que c'était d'la boulette au chômage. Quel gâchis ! Imagine un peu la fusion, le tube à Dudule vissé sur le socle au curé !… ça s'rait mieux qu'une saillie.

– J'peux toucher, mon père ?… demanda-t-elle.

– Ma fille !

– Allez, mon père, c'est la nature, ça, faut pas essayer de pêcher les moules dans les bacs à sable.

Et la dame à Dudule soupesa la nature. Pendant ce temps, Jeanneton raconta son histoire à Dudule. Évidemment, il avait entendu causer des malheurs de la coupeuse de joncs. Et il comprenait la fugue. C'est que la p'tiote, elle devait avoir besoin de souffler. Surtout qu'elle, son rêve, c'était plutôt de fonder une famille, avec des enfants dans une grande maison, et avec un p'tit potager pour faire « queques » économies sur les légumes verts. Mais qui voudrait d'elle, aujourd'hui, alors que tout le monde savait dans la région qu'elle se faisait toucher les loches en allant couper le jonc. À te briser une carrière d'amoureuse ! Dudule connaissait bien le problème, sa sœur Charlotte s'en était jamais remise, de sa réputation qui faisait du bien jusqu'au lendemain. Du coup, pour figer à jamais ce merveilleux hasard, Dudule sortit son polaroïd... C'était trop beau, cette coïncidence, fallait remplir l'album... Jeanneton et ses nichons, le curé et ses boulettes, Dudule et sa grosse tige... puis Jeanneton et son sac de joncs, Mme Dudule et le curé, etc. S'ensuivit une séance de dédicaces... À mon ami Dudule, signé Jeanneton... Au curé de Camaret..., signé la GBAD...

Mais soudain, quelqu'un frappa très fort à la porte. C'était le contrôleur :

– HALTE-LÀ !... HALTE-LÀ !... HALTE-LÀ !... cria-t-il.

Tout le monde prit peur. Qu'y avait-il ?

– Les montagnards ! dit le contrôleur.

– Les montagnards ?

– Eh bien quoi, les montagnards ?

LE CONTRÔLEUR. – Les montagnards sont là.

DUDULE. – Les montagnards sont là ?

Mme DUDULE. – Mais ils sont où, ces montagnards ?

LE CONTRÔLEUR. – Ben, ils sont là, madame !

En effet, les montagnards étaient là, et bien là. Ce qui comblait Mme Dudule. Elle avait toujours eu un faible pour les montagnards. Pour la montagne aussi. Elle y était née, et petite, elle la descendait à cheval. Alors, forcément, elle leur avait fait une petite place dans le compartiment, aux montagnards qu'étaient là. Et puis, elle n'avait pas fini d'être aux anges, la moitié à Dudule, parce que, à cette même gare, y a les avants de Bayonne qui étaient montés. Ce qui faisait une bonne vingtaine de voyageurs, dans ce compartiment. Et comme tout le monde ne se connaissait pas, il avait fallu faire les présentations :

– Bonjour, moi, c'est Dudule !

– Enchanté Dudule, nous, on est les montagnards !

– Mais… Dudule, le vrai ?… celui qu'a un gros manche !

– Oui, messieurs, lui-même… tiens, j'vous présente ma femme !

– Mes hommages, madame et la p'tite, c'est votre fille ?

– Non, c'est Jeanneton…

– Non ? celle qui se fait toucher les nichons en allant couper du jonc ?…

– Si !

– Excusez, mon père !

– Mes fils !

– Mais dites-moi un peu, mon père, vot' tête m'est pas inconnue.

– Mais si, c'est le curé de Camaret !

– J'en étais sûr !

– Ami curé, montre-nous tes couilles, ami curé montre-nous ton cul, la, la, la, la, la…

Là, fallait admettre, ça devenait aussi délicat que de laver du cachemire à quatre-vingt-dix degrés. On aurait tous préféré qu'à ce moment M. et Mme Dudule se marient avec la bénédiction du curé et qu'ils adoptent la petite en manque d'affection. Que les avants de Bayonne chantent la marche nuptiale en chœur et que les montagnards, qui s'raient toujours là, fassent la haie d'honneur, et qu'après la noce M. et Mme Dudule auraient convolé dans le beau pays qu'est l'Espagne, où y a les nanas comme ça et le soleil comme ça. De son côté, la môme Jeanneton aurait fini par être aimée d'un beau montagnard qui n'en aurait pas voulu qu'à ses nichons. Et qu'enfin, à son arrivée chez la mère Michelle, l'Église aurait supplié le curé de revenir à Camaret, vu que, là-bas, y avait plus un touriste et que le maire avait gueulé. Bref, la mélodie du bonheur. Malheureusement, fallait pas croire au petit Papa Noël qui descendait du ciel. D'abord, Dudule a fait une connerie, il a montré les polaroïds. Il aurait pas dû parce que, ça a eu le don d'énerver les montagnards. C'est que, le montagnard, c'est comme le marin, faut pas l'faire chier. Aussitôt, quand ils ont vu la tige à Dudule, ils ont sorti les leurs. Et la dame à Dudule a dû se rendre à l'évidence, visuellement, la saucisse de montagne avait des qualités indéniables. Mais, attention, tu pouvais pas la berner comme ça, la mère Dudule. C'était plus fort qu'elle, ça. Fallait qu'elle compare. Fallait qu'elle teste. Et son Dudule, il voulait savoir aussi, qui était le chef des tuyaux. C'est qu'il jouait son honneur, sa réputation, le gars Dudule. Alors, tout le monde avait fait la queue. Les montagnards, les avants de Bayonne qui arrêtaient pas de pousser, et puis, ça tombait bien, parce qu'à côté y avait un wagon de pines qui rentraient d'Indochine, alors tant qu'à faire le test…

Le curé de Camaret avait été mis hors concours. Tout le monde avait admis la chose : question boulettes, y avait pas mieux. Il avait forcé le respect. L'admiration même. Alors, il arbitrait et il fallait bien avouer que si, artistiquement, il y avait des différences, sur les figures imposées, c'était l'égalité parfaite. Les prolongations devenaient inéluctables…

imaginez le tableau, les montagnards sur Mme Dudule, les avants de Bayonne sur les nichons de Jeanneton. Y avait même la Madelon qui passait par là, avec son chariot de boissons :

– La Madelon ! cria un avant de Bayonne... viens nous servir à boire...

Et du coup, comme y avait un peu de taff, elle mit la main à la pâte. D'ailleurs, grâce à elle, on avait enlevé un morpion motocycliste qui prenait le cul d'un montagnard pour une piste. Au bout d'une heure, Mme Dudule rendit enfin le verdict. Y avait pas de doute, la plus belle, la plus complète, la plus précise, la plus résistante, la plus water proof, bref, l'authentique, c'était celle à Dudule. La Madelon et Jeanneton avaient entériné le jugement.

Vexés, les montagnards étaient repartis dans la montagne, et les avants de Bayonne, à Bayonne. Soulagée, Jeanneton ne craignait plus les garçons, elle pouvait désormais retourner couper du jonc. Chez la mère Michelle, il y avait un message pour le curé de Camaret. Le village ne pouvait pas se passer de lui. Quant à Dudule et sa dame, ils s'étaient aimés toute la semaine devant cette fameuse digue, entre Nantes et Montaigu. Tant et si bien que neuf mois plus tard naissait un enfant. Un beau p'tit poulet de cinq kilos qu'ils baptisèrent Bali Balo. Et Papa Dudule était très fier, car déjà, dans le berceau, le p'tit bandait déjà comme un taureau.

La troisième mi-temps est au rugby
ce que la balle est ovale.

Une attaque en deuxième main
est une attaque d'occasions.

POUR L'HONNEUR

Au milieu de la forêt, il y avait un club-house. Le club entier tenait dans ce club-house. Les joueurs, les femmes des joueurs, les amis, la famille, les visiteurs, les femmes des visiteurs et leurs amis. Tous.

C'était très pratique pour les troisièmes mi-temps. Surtout au milieu de l'hiver. Personne ne restait au-dehors, il y avait toujours de la place dans notre club-house. Oh, il n'était pas bien grand, mais on se serrait. Et quand il n'y avait plus de place comme les jours de grands matches, on en trouvait toujours une. Même pour le cousin éloigné d'un ami de la famille d'une femme d'un adversaire.

Un jour, un étranger était entré dans notre club-house. Personne ne l'avait jamais vu, cet étranger. Eh bien, même à lui, on lui avait trouvé une place, un jour de très grand match pourtant. Du coup, il était revenu tous les dimanches. On l'avait baptisé l'Écossais sans que personne ne sût vraiment s'il venait de la vraie Écosse, ou bien d'une autre. Il venait, il parlait, il buvait et il rentrait. D'ailleurs, à grands coups de gentillesse, il avait gagné sa place dans notre club-house, juste au coin du bar. Titulaire.

Il était très pratique aussi, ce club-house, pour les assemblées générales. Le président-sortant-candidat-unique exposait son programme, puis on l'élisait très vite car ces assemblées, c'était toujours après le boulot, et le boulot, ça donne soif.

Notre président, c'était le père Lamerge. On disait le « père » car c'est lui qui avait fondé le club vingt ans auparavant. À l'époque, il était président-entraîneur-capitaine-joueur-buteur-sponsor. Puis, chacun de ces titres s'effaça le long de son âge. Aujourd'hui, il ne restait que celui de président. Le père Lamerge nous promettait à boire et à manger après chaque match. Et il tenait toujours ses promesses. Faut dire qu'il aimait beaucoup ça lui-même. Le père Lamerge était un président honnête. Il disait toujours : « L'argent ?... moins t'en as, plus c'est facile de le gérer... » Et de l'argent, le club n'en avait pas. On payait nos licences, parce que, en comptant la quarantaine de seniors que nous étions, cent francs chacun, c'était toujours moins que quatre mille francs pour tous. Après les entraînements, ceux qui travaillaient payaient souvent pour ceux qui n'avaient pas d'argent. Il n'y avait que des gens honnêtes, comme le président Lamerge. Normal, on jouait en division d'honneur.

En ce temps-là, le rugby français se partageait en huit divisions, et la division d'honneur se trouvait sous la troisième division.

Le club-house était tenu par Nini et Robert. Depuis le début, depuis vingt ans. Nini, c'était la femme de Robert. Et Robert, le mari de Nini. On disait Nini et Robert, ou Robert et Nini, mais jamais Nini ou Robert. On rajoutait même Nini et Robert du Pays basque. Du vrai, de celui qu'est au pied de la montagne basque.

Robert, il ramassait les maillots, et Nini, elle les lavait.

Robert, il allait lui-même à la pharmacie chercher les produits de première nécessité, et Nini, elle les rangeait. À la mi-temps, Robert nous apportait des citrons, des oranges, et c'est lui qui courait avec son éponge quand il y avait un carambolage. Il n'était ni kiné ni médecin, mais il arrivait quand même à nous faire du bien rien qu'avec son éponge. Nini, elle, ne bougeait pas, angoissée jusqu'à la dernière goutte du match. Ensuite, elle courait au club-house préparer la troisième mi-temps. Les verres, les bouteilles, le saucisson, le pâté, le pain et quelques oranges. Celles qu'on n'avait pas finies à la mi-temps.

Tout le monde avait mis du sien pour le payer, ce club-house, même les pauvres. Après les matches, on y rigolait, même quand on perdait. On riait des loulouzades, sorte de grosse bourde de très mauvaise inspiration rugbystique qui nous coûtait des essais et parfois même la victoire. La loulouzade devait son nom à son créateur, Loulou. Ce dernier jouait soit à l'arrière, soit à l'ouverture. Il nous faisait une loulouzade par match. Il réceptionnait la balle derrière nos poteaux, sur une pénalité ratée par exemple, et il relançait. Un bord à tribord, puis, un autre à bâbord, un retour à tribord et hop !... essai pour les adversaires. On riait, mais on ne se fâchait jamais. On ne pouvait pas, des loulouzades, chacun d'entre nous en faisait.

Notre entraîneur ne pouvait même pas nous réprimander, parce que, lui aussi, il loulouzait. Dédé était entraîneur-joueur-capitaine. Parfois, il n'était même pas à l'entraînement, notre entraîneur.

Chez nous, tout le monde officiait un peu partout. Selon les besoins, on passait de troisième ligne à ailier, d'arrière à demi d'ouverture ou de trois-quarts centre à talonneur.

C'était ainsi car, dans ce club, personne n'était assez important pour exiger d'être à la même place tous les dimanches.

On s'entraînait une fois par semaine. Excepté Gros Louis, notre pilier droit, lui ne s'entraînait jamais. Dans la semaine, il conduisait des poids lourds, et le dimanche, il manœuvrait la mêlée. Entre nous, heureusement que l'arbitre ne lui faisait pas souffler dans le ballon. Parfois, on l'engueulait, Gros Louis. Oh, pas pour ses absences aux entraînements, non, parce que ça, on s'en moquait. On s'en moquait d'autant plus que personne ne voulait jouer pilier droit dans l'équipe, alors le dimanche, on était bien content de l'avoir, Gros Louis. On l'engueulait parce qu'il y allait un peu fort sur le jaja qui tache. S'il continuait, un jour, le jaja qui tache le botterait en ballon mort, au Gros Louis.

Parfois, au mois de septembre, on voyait débarquer un nouveau. Un prof de gym avec l'accent du Sud-Ouest qui venait d'être muté dans la région. Un type qu'aurait, disait-on, joué à Béziers et à Toulouse. Alors là, chez nous, un prof de gym qu'avait l'accent du Midi et qui avait joué à Toulouse ou à Béziers, il enquillait d'office en équipe première. Malheureusement, souvent, le gars avait bien joué à Béziers, mais en minime, et ce n'est pas tout à fait « à » Toulouse qu'il avait fait carrière, mais « vers » Toulouse !…

Attention, il y avait aussi des types du Midi qui jouaient chez nous et qui étaient bons. Jeanjean, par exemple, il avait l'accent du Midi, de Toulon pour être précis, et il était bon, et à tous les postes. De l'aile à la deuxième ligne. Il était surtout gonflé. Un jour, il avait fait une feinte de passe à l'arbitre de touche pour éliminer son adversaire. Jeanjean, il parlait tout le temps sur le terrain. À nous, aux arbitres, aux adversaires, aux spectateurs, aux femmes des joueurs, au chauffeur du car, bref, à tout le monde. Il chambrait. Il était insupportable, mais drôle, alors, il faisait même rire les adversaires.

Et puis, il y avait tous les autres, P'tit Pierrot, Pépito, Vivi, Papy, Rackham, que des types qu'avaient pas l'accent du Midi et qui n'avaient jamais joué ni à Toulouse ni à Béziers. Des types d'ici, qui avaient appris le rugby sur le tas.

Dans notre club-house, il n'y avait qu'une photo. Celle de l'équipe première. Robert l'avait accrochée au-dessus du bar. On jouait en blanc. Pour le maillot, parce que pour le reste, c'était souvent improvisé. Nini n'oubliait jamais de mettre des fleurs. Pour que les femmes ne se sentent pas complètement oubliées les soirs où les hommes remettaient même en cause la stabilité du serpent monétaire international.

Nos déplacements n'étaient pas très longs. Le Championnat d'honneur ne s'étendait qu'à la région. Quand on allait jouer à quatre-vingts kilomètres de chez nous, c'était le grand voyage. On partait très tôt, on mangeait en route et on arrivait sur les jantes. La réserve se déplaçait toujours avec la première dont elle assurait le lever de rideau. Parfois, certains jouaient avec la réserve et étaient remplaçants avec la première. Si un joueur se blessait d'entrée dans le second match, le type en jouait deux le même jour. Il dormait bien au retour.

Les soirs de victoires, on chantait la *Pitxuri*. Les soirs de défaites, *Montagnes Pyrénées*. C'est triste comme la défaite, *Montagnes Pyrénées*. Et les soirs de grandes victoires, Robert montait sur une chaise, avec un torchon de cuisine entre les jambes, et il chantait : « Ah, la salope, va laver ton cul malpropre, ti-re-li-re-la-la-lère… » Et Nini, elle se cachait derrière le bar. La honte.

Puis on allait Chez Serge, un bar encore plus petit que notre club-house. Faut croire qu'on aimait bien ces endroits exigus. Ça devait nous rapprocher. Plus tard, on allait en night-club. Au Bora-Bora. Et comme les routes étaient dangereuses, on avait un test pour les conducteurs. Celui qui disait « chez Cherge » ne prenait pas le volant et celui qui disait « cé Cherche » ne prenait pas la voiture. On remerciait toujours le ciel de nous avoir épargnés. On ne comptait aucun deuil. Un miracle.

On montait rarement à Paris pour les matches du Tournoi des Cinq Nations. La distribution fédérale s'arrêtait à la troisième division. On n'avait jamais de place. On se réunissait chez Jeanjean, ou chez Loulou, ou chez Bruno, ou chez Rackham. Après, on allait Chez Serge pour recoudre le match. Qu'on avait pas assez joué derrière, que c'était pas la peine d'avoir les meilleurs trois-quarts du monde pour ne pas attaquer, que certains n'auraient jamais mis machin à l'ouverture et que, pour Jeanjean, le meilleur demi de mêlée du monde n'était même pas sélectionné. Incroyable ! Y avait qu'en France qu'on voyait ça !… Dans les moments de grande inspiration, on composait une autre équipe de France. La plus belle !

Nous avions aussi notre match international. À Pâques, contre un club anglais. Un jumelage. Une année, on se déplaçait chez eux, l'année suivante, on les recevait. On partait en bus le vendredi matin, prenait le ferry-boat à Boulogne-sur-Mer à midi, et arrivait en Angleterre à seize heures. Les

« glishes » nous donnaient toujours rendez-vous dans un pub. Normalement, les pubs ferment très tôt en Angleterre. Cela aurait pu nous sauver si ces malins de rosbifs, pour faire plaisir aux grenouilles, ne s'arrangeaient pas pour que le patron obtînt une autorisation de nuit exceptionnelle. En notre honneur, quoi !... Eux, of course, ils allaient se coucher. Et nous, bien sûr, le lendemain, on prenait la pâtée. Évidemment, l'année d'après, on leur faisait goûter le rosé du patron et nous, on s'enfilait de la grenadine. Ainsi, on leur rendait la pâtée. L'Écossais était ravi. Je crois bien qu'au bout du compte nous étions à égalité de pâtées. Je n'ai jamais connu plus grande jouissance rugbystique que de « patétiser » l'Anglais.

Bref, nous étions heureux, au milieu de cette forêt.

Et puis une année, on était tellement heureux d'être ensemble, qu'on gagna tous nos matches. On gagna même celui de la montée en troisième division. On était soufflé. Nous, en troisième division ? Nous, les petits gars de la division d'honneur et du milieu de la forêt en troisième division. La belle fête.

Mais l'inquiétude grignota vite les joies. La troisième division, il fallait peut-être l'organiser. En mai donc, il y eut une assemblée générale dans le club-house. Étrangement, il était rempli de plein de dirigeants qu'on ne voyait pas souvent pendant l'année. Comme M. Gérard, par exemple, un ancien joueur du club. Tout récent chef de cabinet de notre maire, il nous avait dégoté auprès de ce dernier une petite rallonge pécuniaire. En échange, le père Lamerge lui avait offert ce poste honorifique et inutile, de vice-président du club. D'où notre surprise de le voir presser notre président :

– François, lui avait-il demandé avec insistance devant

tout le parterre du club, qu'est-ce que tu comptes faire pour l'an prochain ?... Parce que, je ne voudrais pas effrayer tout le monde, mais pour avoir connu les deux, la troisième division, c'est plus la division d'honneur !

Le père Lamerge s'était trouvé dans l'embarras, cette troisième division, il ne la savait pas. Il avait juste promis de se renseigner et de nous donner son plan d'attaque à la fin du mois.

Un mois d'attente, c'était beaucoup de temps perdu au goût de ces quelques dirigeants qu'on n'avait pas beaucoup vus dans l'année. De toute évidence, les épaules du père Lamerge ne seraient pas assez solides. Attention, le père Lamerge était un excellent président, mais seulement pour la division d'honneur, pas pour la troisième division. M. Gérard nous avait même présenté un ami à lui qui avait été le président d'un club de troisième division, dans le Midi, vers Toulouse.

– Dis-leur, Jacky, dis-leur... la troisième div'... c'que c'est !

– Putain, t'as raison Marcel, avait confirmé cet ami, la troisième division, c'est...

Et il avait sifflé longuement en guise de descriptif.

– En plus, je veux pas vous effrayer, avait prévenu Marcel Gérard, mais j'ai connu des clubs qui avaient pris la troisième division à la légère, eh bien, non seulement, ils sont redescendus en honneur, mais, en plus, ils sont aussitôt retombés en première série... pas vrai, Jacky ?

– Oh, putain, con, de sûr !...

Le trouble nous avait gagnés. Vrai qu'après tout on n'y connaissait rien en « troisième division », et que maintenant qu'on y était arrivé, fût-ce par hasard, on n'allait pas se déballonner.

– Au moins pour l'honneur, avait dit M. Gérard.

Du coup, Marcel Gérard obtint l'attention de tous et fit campagne. Attention, il ne s'agissait pas de renverser François Lamerge, mais d'aider le club. À la seconde assemblée générale, le père Lamerge eut l'honnêteté de nous avouer que, ignorant tout de la troisième division, il préférait s'effacer. Faute de candidat, Marcel Gérard devint notre nouveau président et on eut droit à son premier discours. D'abord, il félicita le président sortant, son vieil ami Lamerge, pour l'excellent travail accompli pendant toutes ces années et le nomma d'office président d'honneur. Ensuite, il nous délivra les grandes lignes de son projet. Un merveilleux projet, plein d'ambitions, où chacun aurait son rôle à jouer. Un projet d'avenir :

– Mon but, c'est d'offrir au club son futur !

Rien que cela !... Ce projet, le néo-président Gérard l'avait baptisé « Tous Ensemble pour la Troisième Division ».

– D'ailleurs, pour m'aider dans cette tâche, j'ai désigné mon ami Jacky comme conseiller en troisième division.

On reprendrait l'entraînement plus tôt que d'habitude, fin août. Pendant la première semaine, on s'entraînerait tous les jours pour remettre tout le monde à niveau. Ensuite, il y aurait deux séances d'entraînements par semaine. Parce qu'une seule fois, à ce niveau, c'était insuffisant. Ah oui, on allait changer d'entraîneur aussi. Non que Dédé fût mauvais puisqu'il avait fait monter le club, mais on ne pouvait à la fois entraîner et jouer. Pas en troisième division. Plus en troisième division.

– Et c'est qui le nouvel entraîneur ? avait justement interrogé Dédé.

– Jean-Louis Bone !

Personne n'avait entendu parler de Jean-Louis Bone. Alors, le désormais conseiller du président nous rassura :

– C'est un excellent entraîneur !... D'abord, il est professeur d'éducation physique, et ça tombe bien car, en troisième division, putain, il faut être en condition physique. Ensuite, y a cinq ans, con, il a fait monter un club du Sud-Ouest de la troisième à la deuxième division !... Et ça, avait-il renchéri, c'est ce qu'il y a de plus dur, dans le rugby, con !...

– C'est que, coupa le président Gérard, il faut déjà y penser, à la seconde division... la troisième, c'est qu'une étape, les enfants !...

En attendant la seconde division, le président Gérard et son conseiller se devaient de recruter quelques pointures de haut niveau. Attention, ils croyaient en nous, mais dans un premier temps, quelques joueurs d'expérience accéléreraient notre apprentissage.

Enfin, le président Gérard et son conseiller en troisième division nous donnèrent rendez-vous au milieu du mois de juin, pour une dernière assemblée, le temps de peaufiner bien d'autres surprises. Puis ils allèrent se coucher. Le projet Tous Ensemble pour la Troisième Division était né.

Chez Serge, nous avions tracté jusqu'au bar une caravane d'états d'âme. Était-ce vraiment nécessaire de revenir avant la fin du mois d'août ? Et que feraient ceux qui travaillent à cette période ?... Et Gros Louis, tiens, est-ce qu'il va pouvoir venir s'entraîner deux fois par semaine ? Et Dédé, pourquoi il devrait choisir entre jouer ou entraîner ? Et les nouveaux ?... Pourtant, en fin de soirée, l'excitation avait remplacé les doutes. En sortant de « Cé Chherchhe », il fut décidé de relever le défi de cette troisième division.

Pour l'honneur, bien sûr.

Au milieu du mois de juin donc, on apprit que trois fonctionnaires avaient été mutés dans la ville. Des types qui avaient l'accent du Midi. Mais, attention, pas des types qui avaient joué « vers » Toulouse, ou « à côté » de Béziers comme ceux qu'on avait vus par le passé, non ! Des types qui, eux, avaient joué à Agen, à Toulon et à Lourdes. Ça changeait, ça ! Puis trois autres aussi, qui auraient dû jouer à Bayonne, à Perpignan et à Narbonne s'ils n'avaient pas été mutés professionnellement dans notre région. Cela faisait donc six nouveaux.

– Un beau coup de chance pour le club ! avait dit le président Gérard.

– De sûr, con !

Marcel Gérard nous présenta le nouvel organigramme du bureau. Outre le désormais incontournable conseiller pour la troisième division, le projet comptait douze nouvelles têtes venant étoffer les toutes fraîches structures administratives, financières et sportives du club. Il y avait même un responsable de l'équipement. Plus question de se présenter avec des bas et des shorts de toutes les couleurs. La troisième division, et le rugby en général, c'était l'école de la vie, pas une école de samba. Désormais, on aurait un vrai équipement. Puisqu'on en était aux questions vestimentaires, on se déplacerait en blazer et en cravate. Cela ferait plus sérieux, plus ambitieux, plus prestigieux... Un grand club, quoi !

– D'ailleurs, je vais vous présenter tous ceux qui vont nous aider l'an prochain dans ce projet... et d'abord mon vieil ami Albert Lartigus, le patron de Pantalonnade.

Pantalonnade, on connaissait, c'était la boutique de prêt-à-porter la plus huppée du centre-ville. La plus onéreuse aussi. Pas un d'entre nous n'y était encore entré. Excepté

Gros Louis… pour des livraisons !… Albert Lartigus nous offrait les blazers et les cravates.

– Maurice Lambert, le patron de Sport Shopping, continua notre président, il vous fournira les équipements, et Jean-René Alto, le patron d'un endroit que vous connaissez sûrement, l'Auberge Blanche…

Tu parles, l'un des tout meilleurs restaurants de la région ! On n'y était jamais allé.

– C'est un peu comme des sponsors ?… avait demandé Kiki.

– Non, Kiki, pas des sponsors, des partenaires !… C'est différent, c'est la famille, quoi !… et enfin, voilà votre nouvel entraîneur, Jean-Louis Bone.

Il nous sembla bien costaud pour un ancien demi de mêlée, mais Jacky nous rappela qu'il avait joué jadis en première division, et les demis de mêlée, dans cette division-là, c'était pas des nains !…

Bone profita de ce premier contact pour nous distribuer des programmes de préparation physique pour cet été.

– Des devoirs de vacances ?… avait demandé Gros Louis qui n'arrivait déjà même pas à suivre les travaux dirigés…

– En quelque sorte !… disons que cela vous permettra de ne pas être à court de forme pour les premiers entraînements.

Nous, on n'avait jamais vu ça, un programme de préparation physique pendant la seule période où justement on n'avait rien à faire. Mais personne n'avait ressenti l'envie de contester. Au contraire, cela faisait presque professionnel. On était plutôt curieux. On y jetait tous un œil discret. Footings, courses lentes, fractionnés, travail foncier, récupération, musculation… ça n'avait pas l'air évident, la troisième division.

À la fin du mois d'août, une énorme surprise attendait Robert et Nini. Là, en plein milieu de notre forêt, le président Gérard avait détruit notre club-house pour en ériger un nouveau. Tout neuf, tout large, tout grand :

– Les enfants, vous méritiez mieux que cette pauvre bâtisse en préfabriqué, non ?

Robert n'osa pas lui dire que cette « pauvre bâtisse en préfabriqué », on l'avait construite avec nos mains.

Le bar n'était plus à gauche à l'entrée, mais à droite, au fond. Les murs étaient certes flambants neufs, brillants, mais on sentait bien qu'ils n'avaient rien à raconter.

– Bien sûr, pour la décoration, je vous laisse faire, hein, Nini ?… j'ai juste mis des fleurs… je vous connais, les femmes… mais attention, elles sont en plastique. Comme ça, Nini, plus besoin de les changer !…

Nini n'osa pas lui dire que les fleurs en plastique, c'était comme du jambon de supérette, ça sentait le plastique, et que des fleurs qui sentaient le plastique, c'était plus des fleurs.

Robert demanda où était passée la photo de l'équipe ?

– Aucune idée, mon cher Robert. De toute façon, la photo de l'équipe première va changer avec tous ces nouveaux… en plus on mettra une photo avec les sponsors… c'est qu'il faut les soigner les sponsors, et les photos, ils aiment ça, les sponsors…

Le premier entraînement de la nouvelle saison se tint justement dans le nouveau club-house.

– Réunion d'organisation et de prise de conscience du nouveau projet ! avaient précisé le président Gérard et son conseiller.

Bone nous y distribua le programme du stage. En ligne de mire, écrit en énormes lettres rouges soulignées, le premier match du nouveau championnat. À domicile, contre le RCTR. Pour ceux qui ne savaient pas, le RCTR, c'était la grosse équipe de la poule... le RCTR venait la saison dernière de manquer de très peu la montée en deuxième division.

– Un club quasi semi-professionnel ! s'exclama un président Gérard admiratif... Et c'est pas toi, Jacky, qui vas me contredire, hein ?

– Putain, con !

– Et puis, attention, avait insisté Bone, en troisième division, y a une règle essentielle... primordiale... incontournable... il est interdit de perdre à la maison !

On n'osa rien dire, mais cela devait sûrement être la première fois en dix ans, qu'on nous interdisait quelque chose, dans ce club !...

– Enfin, d'ici là, avait-il prévenu, on a du pain sur la planche !...

– Il va sans dire, conseilla le président Gérard, que le maintien est ce que j'attends de vous en priorité, même si à moyen terme je vise bien sûr la montée en seconde division... attention, si celle-ci arrivait dès cette année, et j'y crois, on ne va pas cracher dessus, hein Jacky ?

– Putain, de sûr, oh, con !

En attendant la seconde division, à la sortie des vestiaires, il y avait un photographe ! Nous, on pensait que c'était pour la nouvelle photo de l'équipe, mais non, le photographe, c'était seulement pour les nouveaux. D'ailleurs, le lendemain, la photo était à la « une » du journal. En vingt ans de club, cela n'était jamais arrivé. C'est que des nouveaux, c'est toujours une attraction, même pour nous. Tu penses ! c'est qu'on attendait de les voir à l'œuvre. Il y en avait trois costauds, et trois apparemment très rapides. Pour être honnête, je ne me souviens plus de leur nom, aussi je les surnommerai N 3, N 4, N 7, N 9, N 10 et N 15. « N » pour nouveau, et le numéro pour le poste qu'ils devaient occuper.

Le matin, on faisait de très longs footings.

À midi, on allait aux séances d'essayage pour les nouveaux équipements et les costumes.

L'après-midi, les entraînements débutaient dans les vestiaires, par une séance de tableau noir. Matrices, temps réel de jeu, attaque à plat, attaque en profondeur, combinaisons, points de fixation selon les zones définies, premier temps de jeu, replacement et second temps. Puis on allait appliquer ces jolies théories en pleine chaleur. Nous, on lui avait suggéré de s'entraîner le soir, à la fraîche, mais il avait bondi :

– Les matches, c'est pas le soir qu'on les joue, c'est l'après-midi !... Cela peut vous paraître comme un détail, mais c'est en additionnant les détails qu'on devient un grand club !...

Le soir, on se couchait tôt !

Robert et Nini avaient pris la nouvelle division très au sérieux. Avec le nouveau budget, Robert avait acheté un nouveau seau, des nouvelles éponges et même un manuel de premiers secours. Nini, elle, avait ramené de chez elle quelques éléments de décoration, ainsi qu'un manuel de diététique. C'est que Bone avait invité un diététicien, lequel nous avait donné une petite leçon sur les erreurs qu'il ne fallait pas commettre pour rester en forme. Et quand il expliqua à Gros Louis que la viande rouge, c'était ce qu'il y avait de pire pour les muscles et qu'à trop en consommer on risquait le claquage à répétition, je crois bien qu'il avait cru à la fin du monde. Parce que Gros Louis avait peut-être l'aspect d'une grosse vache, mais celui qui allait ne lui faire bouffer que de l'herbe sans vinaigrette et des pâtes sans sauce à tous les repas n'était pas né. Même en troisième division. Même pour l'honneur.

Le président Gérard et Bone avaient organisé trois matches de préparation.

Les nouveaux avaient tous joué le premier match. Normal, il fallait bien les essayer. On l'avait perdu, mais attention, de peu. Normal, les nouveaux, ils n'avaient pas encore l'habitude de jouer ensemble. Alors, ils jouèrent tous le second match. Justement, pour qu'ils s'habituent. Perdu aussi, mais cette fois, avait analysé notre coach, avec de nets progrès. Les nouveaux commençaient à trouver leurs marques.

Du coup, Bone les fit jouer pour le troisième match.

Nous, on pensait qu'il aurait peut-être pu nous tester un peu. Je parle des six anciens qui faisions banquette depuis le début de la troisième division pour cause de nouvel arrivage : Gros Louis, Kiki, Dédé, Loulou, Jeanjean, et moi, ou, pour être plus précis, A 3, A 4, A 7, A 10, A 15, et A 9. Même rien qu'une mi-temps.

– Ne vous inquiétez pas, nous avait rassurés notre coach, votre heure viendra, la saison est longue… Une fois que l'on aura gagné quelques matches, qu'on sera rassuré, rodé, là, on pourra tourner…

– Vous avez le temps, les enfants, avait rajouté le président Gérard… et puis, franchement, c'est pas la peine d'avoir fait venir tous ces nouveaux, pour ne pas les faire jouer, hein Jacky ?

– De sûr, con !

– De toutes les manières, avait tranché l'entraîneur, on ne change pas une équipe qui est en train de trouver ses marques... pas en troisième division... surtout à une semaine du grand rendez-vous contre le RCTR !...

Au troisième match, la victoire donna raison à Bone.

Le président Gérard était fier :

– Ça, c'est plus que rassurant !... En plus, messieurs, quel beau match !... je vous félicite...

Du coup, on n'osa pas dire que nous étions un peu déçus de la manière. On avait trouvé que N 10, il n'ouvrait pas beaucoup de ballons et que N 9, il partait un peu trop souvent au ras des avants. Cela avait beau être tactique, on pensait qu'il était un peu dommage de construire une maison de six pièces pour ne rester que dans le couloir.

On n'osa rien dire car tout le monde avait l'air heureux dans le car qui nous ramenait au milieu de notre forêt.

Après tout, c'était peut-être ça la troisième division !

Pour fêter cette victoire, le président Gérard nous invita à l'Auberge Blanche. Heureusement que le diététicien n'était pas invité. Gros Louis avait gobé deux côtes de bœuf et on avait chanté tout le répertoire du parfait rugbyman.

– J'ai bien fait de vous amener à ce match, hier !

La veille, le président Gérard nous avait offert une surprise. Le samedi donc, nous avions assisté à un match qui comptait pour le Championnat de première division. Le président Gérard et Bone tenaient tout particulièrement à nous montrer d'abord, ce qu'était un grand match, et ensuite ce qu'était un grand club. Ça ne pouvait que nous inspirer…

Le grand club qui recevait gagna 6 à 3, grâce à deux pénalités contre une. Aucun essai, pas d'attaque à la main, pas une relance, que du jeu au pied et parfois même des coups de pied et des coups de poing. Au retour, le président Gérard, son conseiller et notre entraîneur semblaient comblés. Quel match ! Quelle lucidité en matière de tactique ! Quel combat d'avants !

– Vous avez vu, cet engagement ?…

Nous, on avait surtout trouvé que le jeu avait été très pauvre, on avait vu une bonne relance à jouer à trois contre un, dans les vingt-deux mètres, quand l'arrière avait finalement tapé en touche.

– Sûrement pas ! avait coupé Bone.

À ce niveau, nous avait-il expliqué, on ne pouvait se permettre de faire n'importe quoi. À 6 à 3 à dix minutes de la fin, on ne relançait pas, on n'avait pas le droit. C'était la règle, en première division.

Les gars s'entraînaient tous les jours. Récupération le lundi, travail physique le mardi… travail technique individuelle par ateliers le mercredi, travail collectif le jeudi, et enfin, le vendredi, travail tactique en fonction du match à venir. C'est que cela ne rigolait pas du tout en première division.

– Sans parler de l'organisation, les gars…

En première division, il y avait trois entraîneurs, un pour les avants, un pour les trois-quarts, et un pour la condition physique. Plus un directeur technique et même parfois, dans les grands, grands clubs, un manager coordinateur général.

Nous, on s'était juste demandé, vu le match auquel on

avait assisté, comment, avec tout ça, il était possible que le score restât à 6 à 3.

Le premier match écrit en rouge – contre le RCTR – qu'il nous était interdit de perdre à la maison approchait.

– Messieurs, avait rappelé le président, vous savez tous ô combien que ce dimanche qui arrive est un dimanche primordial pour le club... je dirais même pour la ville tout entière...

Bon, il attigeait un peu. Depuis dix ans, on n'avait jamais eu plus de cinquante supporters.

– C'est que dimanche, il y aura du beau monde dans la tribune d'honneur. Alors, je ne vais pas vous parler de rugby, ce n'est pas mon rôle. Je vais plutôt vous parler d'état d'esprit !

Maintenant que nous étions dans l'élite, que nous avions ce privilège, il fallait nous comporter comme des exemples. Finis, les petits débordements !... Fini de chanter notre chanson sur cette salope qui... enfin cette jeune fille négligée à laquelle on conseillait une meilleure hygiène intime... d'abord ce n'était pas spécialement drôle, en plus, à l'Auberge Blanche, il y avait eu des plaintes de la clientèle... Fini aussi d'arriver en guenilles !... blazers cravates obligatoires, on n'avait plus aucune excuse... surtout que, le dimanche, on allait prendre la photo d'équipe, avec le maire, son épouse et les notables de toute la ville !... s'agissait donc d'être présentables !...

–Voilà, maintenant, votre entraîneur a lui aussi quelques petites choses à vous dire en vue du choc de dimanche !

– Bon, moi... je n'aurai qu'un mot d'ordre : gagner !...

Et Bone de discourir à son tour... qu'en troisième division, seule la victoire était belle... que le beau jeu, ce serait pour plus tard... et que si l'on gagnait contre cette grosse écurie quasi semi-professionnelle du RCTR, quelle qu'en fût la manière, on ferait peur d'entrée à toutes les autres équipes de la poule, voire à la troisième division tout entière... mais qu'attention le chemin de la victoire, à ce niveau, passait en priorité par le sérieux. Aussi bien avant que pendant le match. Et même aux entraînements. Lui aussi avait noté quelques débordements impardonnables, les histoires de cul de Kiki à une heure du coup d'envoi, les feintes de passe de Jeanjean à l'arbitre de touche, les gros pets de Gros Louis dans les vestiaires... les loulouzades... tout cela, c'était très rigolo, mais en division d'honneur, pas en troisième division.

– Il faut savoir ce que vous voulez les gars !...

Ce lundi-là, exceptionnellement, afin que tout le monde se préparât à la troisième division, Jean-Louis Bone livra l'équipe qui allait jouer ce match capital. Il n'y eut aucune surprise, on ne changeait pas une équipe qui venait de gagner un match. Gros Louis, Kiki, Dédé, Loulou, Jeanjean et moi jouerions donc avec la réserve, le match de lever de rideau. Pour finir, Bone désigna l'un des nouveaux, le N 9, comme capitaine. Dédé fit la moue, mais comme il ne jouerait pas en première...

– Messieurs, résuma notre président, tout ce que l'on exige de vous, c'est rien que pour l'honneur. Le vôtre et aussi celui du club !... pensez-y !

Comme prévu, le matin du match, on fit les photos d'équipe. Le président Gérard avait réuni tous ceux qui faisaient parti du beau projet de Tous Ensemble pour la Troisième Division. Y avait même le petit caniche de l'épouse du maire. Alors, on fit d'abord une première photo avec tout le monde, puis une photo rien qu'avec le maire pour la mairie, et une autre avec le maire, sa femme et le petit caniche pour leur maison, puis avec le patron de Pantalonnade pour sa boutique et aussi avec le patron de l'Auberge Blanche, pour son restaurant, et enfin, bien sûr la dernière photo avec le patron de Sport Shopping pour son magasin. On la doubla d'ailleurs, car il avait deux magasins.

Ensuite, on alla tous déjeuner dans le nouveau club-house avant de jouer. Enfin nous les joueurs, parce que les autres, les partenaires, ils déjeunaient à l'Auberge Blanche. Les nouveaux s'étaient assis ensemble pour parler du match. Puis ils s'étaient infiltrés chez les anciens qui allaient le jouer pour quelques ultimes conseils. Le silence étant de rigueur, on n'entendait que des chuchotements. Nous, les anciens qui jouions en lever de rideau, avions disparu très vite dans les vestiaires. Excepté Loulou ! Eh oui, des six nouveaux que le président Gérard avait recrutés, N 10 ne jouerait pas. Une légère contracture au dernier entraînement l'avait contraint à renoncer.

Bone dut titulariser Loulou.

C'est Loulou qui nous raconta la suite de l'avant-match après la rencontre. C'est qu'on avait voulu savoir ce qu'était un avant-match de la troisième division. Rien n'avait été laissé au hasard. La tactique fut répétée dix fois : on joue devant, on joue chez eux, on les bouscule, on les fait tomber au sol, il fallait de la haine à ce niveau-là… d'ailleurs, il ne fallait pas avoir peur, ils n'étaient pas si impressionnants que cela… Bone en avait croisé quelques-uns dans le couloir… qu'il les avait même trouvés plutôt inquiets… alors, il fallait en profiter, la victoire aurait un retentissement national !…

48 à 3... Pour un baptême, ce fut une extrême-onction ! Les invités du président Gérard, partenaires de Tous Ensemble pour la Troisième Division, ainsi que leurs familles avaient la mine déconfite dans le nouveau club-house. Le président aussi d'ailleurs, et Bone tout autant.

Quant au conseiller en troisième division, il était anéanti. Faut dire aussi qu'on l'avait bel et bien raté, notre rendez-vous avec la troisième division écrit en rouge, qu'il était interdit de perdre !... on l'avait bien loupé, ce match contre des types qu'étaient pas si impressionnants que cela, et même inquiets avant le match !... De mémoire de père Lamerge, invité d'honneur de la nouvelle tribune, le club n'avait jamais reçu pareille leçon. Le président Gérard, son conseiller, l'entraîneur et les nouveaux, pourtant tous experts en troisième division, furent bien embarrassés pour expliquer aux partenaires du projet les raisons d'une telle déculottée.

Nous fûmes nous aussi dans l'embarras, mais pas pour les mêmes raisons. Plutôt pour expliquer à nos familles et amis qu'ils devaient nous attendre à l'extérieur du nouveau club-house. D'abord parce qu'il était rempli à ras bord d'invités et, en plus, parce qu'il fallait un carton pour y accéder. Il était tellement contrarié, le président Gérard, qu'on n'avait pas osé lui dire qu'en dix ans il y avait eu de la place pour tout le monde, dans l'ancien club-house préfabriqué de nos mains. Et qu'il était inutile d'en avoir construit un plus grand, s'il ne pouvait recevoir tout le monde.

Nini et Robert étaient contrariés aussi. Le président avait employé deux jeunes serveurs professionnels en smoking blanc pour le cocktail. En dix ans, personne n'avait osé passer derrière le bar. Ni les amis ni la famille. Même pas l'ancien président.

À l'Auberge Blanche, le maire, son épouse, les notables et tous les partenaires se retrouvèrent assis avec Bone, les nouveaux, le président et son conseiller en troisième division. Ils avaient refait le match. Ainsi, à l'heure du fromage, un miracle se produisit : ce match, il n'était pas si mauvais que cela. D'abord, parce que les autres avaient quand même eu cent pour cent de réussite. Tu parles !... leur buteur avait enquillé dix pénalités sur dix. Trente points à lui tout seul, rien que cela !... Ensuite, on leur avait fait quelques cadeaux... imagine !... toutes ces fautes stupides... qu'avec un peu plus d'attention, un peu plus d'expérience, on n'aurait jamais faites, pardi !... Tiens, comme ce cadeau, à la première minute de jeu, sur cette chandelle, où N 15 et A 14 s'étaient fait des politesses à la réception... je la prends non, non, c'est moi !... et tac, le ballon au milieu, et tac, essai pour eux, entre les poteaux !... Sans compter la déveine de Loulou qui avait raté deux pénalités pas mal placées !... et ce drop de N 9 à deux centimètres des barres !... Et, nom de Dieu, cette loulouzade de notre ailier à la dernière minute qui coûta le dernier essai...

Alors, si on calculait le nouveau score amputé de la réussite de leur buteur, trente points, du cadeau de la première minute, six points, et en le gonflant avec un peu plus de chance pour nous, on arrivait à un score de douze à douze... et là, c'était plus pareil...

– Parce que, assura le président Gérard à tous les partenaires du projet, ce genre d'équipe, je connais !... c'est beau, c'est bien huilé... mais, y suffit d'une bousculade, d'un tout petit doute et c'est fini... y savent plus où y z'habitent !...

Du coup, à l'heure du digestif, le président Gérard, le conseiller, Bone et les nouveaux étaient rassurés. Ce match, cent fois on devait le gagner !... d'ailleurs, au match retour, avec un peu plus d'expérience...

Nous, on trouvait bizarre qu'on eût pu gagner un match qu'on avait perdu 48 à 3... Attention, quand on disait nous, c'était juste pour être collectif, parce qu'avec la réserve, dans le sillon d'un Dédé en pleine forme, nous avions écrasé nos homologues 33 à 6. Nette, propre, sans aucune contestation possible !... Mais en quatre heures de dîner, personne n'avait évoqué notre très belle victoire. Logique, les invités du président ne pouvaient pas connaître le résultat... ils ne savaient même pas qu'il y avait eu un lever de rideau.

Pour la première fois en dix ans, nous n'étions pas allés Chez Serge après un match. Pour la première fois en dix ans, nous n'avions pas chanté. Eh oui, le président Gérard avait prévu un pianiste polonais qui ne connaissait que Chopin. Alors, quand Robert lui demanda s'il savait jouer « Ah, la salope, va laver ton cul malpropre », il la sortit en valse ! Et surtout, mais ce soir-là, personne ne l'avait remarqué, c'était la première fois en dix ans qu'on n'avait pas vu l'Écossais après un match.

C'était pas bien grave, parce que Bone, le président Gérard et les nouveaux, ils ne connaissaient pas l'Écossais. Ce qu'il y avait de plus important, pour eux, c'était de savoir que cette équipe qui leur avait mis presque cinquante points au nom de la troisième division, ils iraient la battre au match retour. Même le conseiller en troisième division en était sûr !

Une question d'honneur.

Malheureusement, cet honneur fut encore chahuté. À la fin des matches aller, le bilan avait assommé le président Gérard et sa cour intérieure. Sept matches, sept défaites, trente-cinq points de moyenne encaissés par match, pour six points de marqués. Aussi, au lendemain de la septième défaite, juste avant la trêve, le président Gérard, son conseiller, Jean-Louis Bone et les nouveaux organisèrent une Réunion d'Urgence pour une Réaction Forte, Vive et Immédiate.

C'est là, à force de recherches et de débats, d'analyses et de conclusions, qu'ils trouvèrent enfin le mal. On touchait là un domaine qui n'appartenait qu'aux choses du sport. Rien à voir avec le talent. Ni avec la logique. Nous avions mis le doigt dans un engrenage incontrôlable. Une sorte de virus destructeur, hantise de tous les clubs du monde et de tous les sports : la spirale de la défaite !...

Heureusement, le mal était trouvé à temps. Une chance ! Il fut donc convenu d'un plan que le président Gérard baptisa fièrement : Plan et Méthode de Transformation Urgente de la Spirale. Surtout que la septième défaite fut largement honorable. 12 à 11 contre l'ASVR. Nous, on n'osa pas dire au président qu'il n'y avait rien d'honorable de perdre contre une équipe qui, comme nous, n'avait gagné jusque-là aucun match, dans cette troisième division. On n'osa pas lui dire non plus que ce plan ne concernait pas l'équipe réserve, invaincue depuis le début du Championnat. Et qu'en remplaçant quelques joueurs atteints du virus de la spirale de la défaite par ceux tombés dans la spirale de la victoire, on renouerait peut-être avec le bonheur. On n'osa pas lui dire que la spirale de la défaite nous inquiétait beaucoup moins que son pianiste polonais qui nous empêchait de chanter l'amitié, même après les défaites. Et aussi, qu'il y avait de moins en moins de nos amis qui venaient nous voir jouer, parce qu'ils ne pouvaient même pas entrer dans le club-house après le match. On n'osa pas lui dire, enfin, que personne n'avait plus de nouvelles de l'Écossais, et que ça, c'était bien plus grave que la logique des spirales !

Qu'importait, le président Gérard avait trouvé le mal à temps et son conseiller De Sûr en était sûr :

– Une bonne trêve, les gars et hop, ça va repartir, con !

Bref, l'espoir flottait encore.

Heureusement d'ailleurs, car le premier des matches retour se jouait à l'extérieur, chez ceux qui nous avaient corrigés à la maison, dans ce fameux match qu'on avait perdu 48 à 3, mais qu'on aurait dû gagner rien qu'en réfléchissant, à l'Auberge Blanche.

– On va les surprendre… avait dit Bone.

Pour les surprendre, tout avait été passé au peigne fin. La défense, l'attaque, la tactique. Cette fois, on ne referait pas les mêmes erreurs. Cette fois, on ne ferait aucun cadeau, cette fois, on ne craignait plus rien, plus personne, on avait trouvé le mal, et on avait notre plan. Cette fois, notre victoire aurait un retentissement national. Fallait y croire, pour l'honneur.

62 à 4 !… C'était le plus gros score de la journée, toutes divisions confondues. Comme retentissement national, y avait pas mieux. Dans le bus, tout le monde était abattu. L'équipe avait coulé à pic. Ce match-là, même très tard à l'Auberge Blanche, on n'avait pas failli le gagner. Pas plus que les suivants, parce que N 15 eut beau remplacer N 10, puis A 10 eut beau jouer à la place de N 15, puis N 4 à la place de Dédé, puis faire venir un nouveau demi d'ouverture qui avait joué à Lourdes, puis un autre qui avait joué à Dax, ou remettre Dédé capitaine à la place de N 9, mettre

le blazer et la cravate pour impressionner, prendre quelques photos de plus avec les partenaires du projet, provoquer moins de fautes, ne plus offrir de cadeau dans les premières minutes de jeu, avoir un peu plus de réussite, s'entraîner plus pour la forme, s'entraîner moins pour le repos, s'entraîner tous les jours pour faire le plein, ou ne pas s'entraîner du tout pour faire le vide, on perdit tous les matches jusqu'à l'avant-dernier.

Heureusement, il y eut ce dernier match. Et surtout, heureusement, il y eut Loulou ! Loulou et sa lucidité. Loulou et son talent ! Loulou et sa classe !

Figurez-vous que l'ASVR, l'équipe contre laquelle nous n'avions perdu que 12 à 11, avait elle aussi subi la loi impitoyable de la troisième division... treize matches, douze défaites, une seule victoire. Un miracle !... Une opportunité incroyable !... Une victoire avec deux points d'écart, et on évitait la descente. Du coup, l'espérance sortit de sa tombe. Le président Gérard nous rappela qu'après tout l'objectif principal, c'était le maintien !... Il avait déjà planifié la saison prochaine. On pouvait compter sur beaucoup d'autres partenaires, et puis des nouveaux encore plus forts, qui allaient venir d'Angleterre et d'ailleurs... et tout plein de surprises et peut-être même des primes de match... Cela s'était déjà vu, ça, une équipe au bord de la descente une année et championne de France l'année suivante !... Et puis, rien que pour l'honneur du club...

C'est sûrement en cet honneur-là qu'il y avait autant de monde pour ce match de la dernière chance. Les anciens partenaires, les futurs nouveaux, leurs familles, leurs amis, les équipements tout neufs, un nouveau photographe et des nouvelles photos... Y avait même le maire et son épouse.

Le soir, une grande réception était prévue pour fêter le maintien.

Heureusement donc, il y eut Loulou et cette dernière minute du match. Jusqu'alors, nous n'étions pas à la noce. Visiblement, eux aussi voulaient éviter la descente. Agressifs, mieux organisés et plutôt en réussite, nos adversaires nous tinrent à distance d'un point tout au long du match. Puis vint cette dernière minute, cette ultime chance. Là, juste en face des poteaux, à quinze mètres !... une pénalité !... immanquable !... le miracle !... N 15 s'approcha, mais Loulou, le Loulou, notre Loulou, concentré, sûr de lui, de son talent, de la réussite qui l'avait accompagné tout au long du match, insista pour la tenter... S'il la passait, on gagnait de deux points et, du coup, c'est l'ASVR qui redescendait en division d'honneur. Loulou prit son temps, modela une belle petite motte de terre, plaça la balle comme il en avait l'habitude, avec la vessie en direction des poteaux, et puis soudain, la surprise !... la tribune d'honneur était debout. Tout le monde croyait rêver. Même les adversaires n'en revenaient pas !... Loulou avait pris son élan dos aux poteaux, dos à l'espoir, dos au maintien... puis, avant même que quiconque pût l'en empêcher, il prit son élan et mit un énorme shoot en direction de cette tribune d'honneur, où les invités du président Gérard pensaient être à l'abri de tout.

Ce dernier fut remercié. C'est que, pour présider, en division d'honneur, il fallait un président qui maîtrisât cette nouvelle division !... L'honneur, c'était autre chose que la troisième division. Le père Lamerge retrouva donc sa place et les nouveaux furent tous mutés. C'est qu'ils n'avaient jamais connu la division d'honneur. La pression serait trop forte !... Robert remit une vieille photo de l'équipe première, et Nini acheta des fleurs qui sentaient la fleur. On perdit le premier match de la saison à cause de la feinte de passe de Jeanjean à l'arbitre de touche. À notre grand bonheur, on vit l'Écossais radiner sa fraise à la fin du match. Et, dans notre club-house, au milieu de la forêt, on lui raconta le fameux coup de pied du dernier match de la dernière chance du projet Tous Ensemble pour la Troisième Division. Il estima que c'était bien la plus belle loulouzade de l'histoire du club.

On vécut ainsi longtemps, en harmonie parfaite.

Rien que pour l'honneur.

Il ne faut pas s'étonner si un demi d'ouverture ne donne que la moitié des ballons.

Un mélomane, c'est pas forcément un homme qui aime les mêlées.

NOUS, LES CADETS

On était très heureux, nous les cadets. On jouait par-ci par-là, jamais très loin de chez nos parents. On jouait surtout les dimanches matin juste avant de rejoindre nos mamans.

On était très heureux, nous les cadets. On ne pensait qu'à ces belles histoires d'amour que l'on chantait à peine rentrés aux vestiaires, ce bon vieux curé de Camaret ou cette Madelon qui nous servait à boire. Ils étaient nos amis, ils étaient tous invités le dimanche à nous accompagner, à nous soutenir.

On ne faisait pas que chanter. Souvent, Riri montrait sa lune pleine de boutons rouge vif à la grande fenêtre de l'arrière du car. Un jour, c'est son père et sa mère qui suivaient derrière. Et Riri, on ne l'a plus vu de l'année. Il est parti en pension.

Notre entraîneur essayait de bien nous faire jouer, mais quand il nous faisait un discours, il terminait toujours par cette phrase : « Et les gars, n'oubliez pas, je veux du courage devant comme derrière. » Alors nous, on enchaînait tout de suite en chantant « par-devant, par-derrière, comme de bien entendu ». Ça le rendait fou, mais de toute façon, son discours et ses tactiques, ça ne servait pas à grand-chose, parce que nous, les cadets, le plus souvent, on tapait la balle en l'air, et on courait derrière.

Notre entraîneur, il s'appelait M. Pierre. Mais nous, on l'appelait Tête de Nœud. Enfin, entre nous, bien sûr. On voulait tous marquer notre essai, mais comme on voyait vite qu'on y arrivait pas tout seul, on essayait de le faire ensemble. Parfois, Tête de Nœud était obligé de nous arbitrer parce que l'arbitre officiel n'arrivait pas à trouver le stade. C'était toujours un scandale. Il n'y avait pas plus partial que lui, chauvin même. On avait honte tellement il nous avantageait.

Nous, les cadets, devant, on était pas très grands, et derrière pas encore assez bons, mais on courait inlassablement vers le ballon. Car on n'avait qu'une heure pour nous défouler. C'était si peu dans une semaine d'éducation à la française où, toujours entre les maths et les matches, il fallait choisir les maths.

Lorsqu'on jouait à domicile, il y avait quelques copains du lycée qui venaient nous regarder. Et parfois, des copines. Alors là, tout le monde essayait à nouveau de marquer son essai tout seul. Et on perdait. La plus jolie, c'était la fille de Tête de Nœud, Déborah. Rien que le prénom, ça nous montait au citron. Elle venait de temps à autre, et nous, les cadets, on tentait notre chance. En cachette bien sûr, parce que Tête de Nœud, son père, il la surveillait comme le lait sur le feu. Mais, de toute façon, on n'avait aucune chance, cette petite allumeuse, elle sortait avec un junior. Eh oui, c'est mieux, un junior, souvent, ça a déjà la mob, un junior, et c'est classe, une mob. C'est imparable ! En fait, elle venait pour voir jouer son frère, Édouard, notre pilier. Doublecheese, c'était son vrai surnom, parce que côté physique, c'était le contraire de sa sœur. Mais bon, on le trouvait gentil, Doublecheese, surtout depuis qu'il nous avait présenté sa frangine. Quand son père ne regardait pas, dans le car, on lui foutait des tajines derrière le crâne. C'était notre grand jeu, à nous, les petits, d'aller chercher les gros. Ça se terminait toujours au fond du car, en pugilat. Et le chauffeur nous engueulait, il ne voyait plus rien dans son rétroviseur, alors, on lui chantait : « Ami chauffeur, montre-nous tes fesses, ami chauffeur, montre-nous ton cul. »

On était heureux, nous les cadets, tous les ans, on allait faire un tournoi, en Angleterre. Et, comme on partait en car, avec les minimes, c'est à eux qu'on foutait des tajines. C'était fatigant pour eux, parce que le voyage était long, quand même. L'Angleterre, c'était génial, on avait six heures de voyage pour montrer notre lune à la fenêtre des voitures qui roulaient à gauche. En plus, on était sûr que nos vieux, ils ne seraient jamais derrière par hasard. Enfin, parfois, certains parents de joueurs étaient du voyage. Ça nous coinçait un peu au début, mais les adultes, ils s'adaptent assez bien. Le père de Robby, il nous chantait *La Coloniale* toutes les demi-heures. Il nous l'a apprise, on ne la connaissait pas. Un vrai bonheur, cette histoire dramatique de ce wagon de pines qui rentraient d'Indochine.

En Angleterre, on se faisait tous le film *À nous les petites Anglaises*, mais on jouait rarement dedans. Au tournoi, on se faisait toujours éliminer au premier tour. Enfin, on était heureux, nous les cadets, parce qu'aller en Angleterre, même pour perdre, ça épatait, au bahut. Ça nous réconciliait même avec la prof d'anglais. Jamais longtemps, mais quand même.

On était heureux, nous les cadets, on passait notre temps à vanner tout le monde. De… « ton père, il est pas vitrier »… à… « t'as rien contre la nature ?… non ?… eh ben, t'es pas rancunier ! ». Avec ça, on se marrait pendant des heures. On chourait dans les stations d'essence, que des trucs qui servaient à rien, juste pour chourer. On montrait notre recto et parfois notre verso, et dans les douches, on comparait nos vermicelles de contrebande. On était heureux, nous les cadets, on ne savait pas encore la vie, ni les soucis, ni même les cadrages débordements, ni les passes sur pas, ni les avantages en nature. Et comme disait mon père à ses amis : « Pendant ce temps, y font pas de conneries ! »

LA TUILE

Mercredi 12 juin, Rio.

La tuile ! L'énorme tuile !

Là, en plein Rio de Janeiro, à quelques heures de rentrer au bercail. Au moment de conclure cette merveille de tournée, les valises pleines de grands souvenirs, là, au cinquième étage de ce splendide hôtel qui surveillait Copa Cabana, alias le mythe, de sa centaine d'yeux vitrés, là donc, le drame ! Petit Louis, notre kinésithérapeute, Petit Louis, notre panseur de bobos, il a craqué :

– Je reste ici, il a dit, je ne rentre pas en France !

Il est dans sa chambre, assis devant nous, épuisé.

Nous sommes debout, devant lui, groggy.

– Je reste, les gars ! il a répété. J'ai bien réfléchi, je ne rentre pas !

Il a bien réfléchi, Petit Louis. Nous, on pensait qu'il dormait. Eh bien non, il réfléchissait. Et comme il n'est pas très entraîné à cette réflexion, il est cuit, Petit Louis.

– Je reste, les gars, c'est décidé ! il a encore répété.

Au début, on croyait qu'il déconnait, Petit Louis. Il nous faisait toujours des farces à deux centimes. Mais non, ce con, il voulait vraiment rester !

Bon, on en a connu, des situations périlleuses, en tournée. Des gars qui finissaient chez les poulets du coin pour bagarre générale, des qui se faisaient dépouiller à la sortie des boîtes, ou des qui étaient contraints de se faire soigner en urgence par des chirurgiens vétérinaires de campagne. Mais là, c'est autre chose, Petit Louis, il voulait refaire sa vie ici, à Rio. Bien sûr, au départ, un type qui glisse raide amoureux d'une Brésilienne, et qui veut se recycler dans le commerce sud-américain de la noix de coco, y a pas de quoi alerter l'OTAN, mais là, avec Petit Louis, c'est la catastrophe.

C'est qu'il n'a pas vingt ans, le gazier, il vient juste de passer la borne des quarante. Et surtout, il n'est pas célibataire. Marié, le con, depuis vingt piges avec Sarah, une femme merveilleuse qui élève sans broncher cinq mômes plus beaux les uns que les autres. Le bonheur, quoi !... Même que parfois, on l'enviait, Petit Louis. En plus, il a une carrière exemplaire. Quinze ans de club, une dizaine de tournées, et jamais un regard sur un autre jupon. Petit Louis, putain, c'EST l'exacte définition de la fidélité. Et ce con, il est là, assis devant la télé, et il nous dit :

– Les gars, vous ne pouvez pas comprendre, ma vie est ici !...

Et nous, on est là, complètement perdus. Nous, c'est Bouly, Dumbo, la Tige et ma pomme, Jo, juste une petite partie de l'équipe. C'est que les autres sont tous de shopping. Le bus qui doit nous cueillir pour nous amener à l'aéroport vient dans deux heures.

– P'tit Louis, a tenté Bouly, tu ne peux pas faire ça, merde !...

– Il a raison, Bouly, a insisté Dumbo, t'as pas le droit. Tu te rends compte, Sarah, tes gosses...

– Écoute Dumbo, donne-moi une bonne raison de penser que je n'ai pas le droit de faire ça…

On est bien embarrassé avec sa question, à Petit Louis. Eh oui, pourquoi il n'aurait pas le droit de faire ça, hein ?

– Bon, laissez-moi, maintenant…

Direction le hall d'entrée de l'hôtel. Cellule de crise.

– Tu te rends compte le bordel, a lâché Dumbo, fallait qu'ça tombe sur lui… le seul mec de l'équipe qui mate jamais une nana… tiens, en Australie… vous vous souvenez ?

J'avais oublié. À Sydney, il y a trois ans, la standardiste de l'hôtel n'avait d'yeux que pour Petit Louis. Avances, regards, allumages dans l'ascenseur, petits mots doux dans la piaule, eh bien, rien ! Un curé !

– De toute manière, a trouvé Bouly, Petit Louis, faut lui mettre un grand coup de boule derrière les carreaux et hop, dans l'avion… primo, ça va lui refoutre les idées en place, et si c'est pas le cas, au moins, on l'aura ramené…

– C'est une solution, a répondu Dumbo, mais ce serait mieux de le ramener vivant, tu vois, Bouly…

– Bon, pas de panique, j'ai dit, on a deux heures pour le convaincre et moi, je ne vois qu'une solution, attendre que Lulu rentre de son shopping. Y a que lui qui pourra faire quelque chose.

Lulu, c'est notre deuxième ligne. En amour, il est ceinture noire troisième dame. Il analyse, il diagnostique, il soigne, il rééduque. C'est un maître, un amoureuthologue.

Mais quelle idée folle a donc traversé la tête à Petit Louis ? Sûr qu'en prenant l'avion à Orly, pour cette tournée, on n'imaginait pas encore cette drôle de tuile. Je me souviens, à l'aéroport, P'tit Louis était collé à Sarah. Il leur avait presque fallu un seau d'eau. Retour sur une tournée qui tourne ovale.

Samedi 1er juin, Orly.

Lulu l'amoureuthologue est arrivé avec la fringue très à propos. Le plus Lulu, le label Lulu. La tournée, c'est sa spécialité. Il la prépare toujours deux mois en avance : guides locaux, revues spécialisées, quelques adresses classées secret défense. Un boulot de titan, il faisait le Lulu. Une vraie préparation d'explorateur. D'ailleurs, Lulu, c'était un explorateur.

Il est arrivé avec Gégé. Ils poussent ensemble depuis cadet, en deuxième ligne, et forcément, ça crée des liens que personne ne peut comprendre exceptés ceux qui poussent ensemble depuis cadet.

En tournée, Lulu porte toujours le coton adéquat. Tu vas en Australie, il sort en peau de kangourou, en Écosse, il vit en kilt, et à Tahiti, il dort avec son collier de fleurs. On a beau lui dire que cela faisait un poil blaireau, il coupait court :

– C'est vous les blaireaux !...

Le débat s'arrêtait net, parce que, comme disait Gégé :

– Faut pas faire chier le Lulu, les gars !

Cette année, on va en Argentine, et au Brésil. Alors Lulu, pour voyager, il s'est sapé comme un entraîneur de polo vert pampa. Dans les détails, la mode d'un entraîneur de polo vert pampa, c'est un costard cintré de gaucho, avec, aux deux extrémités, un chapeau en cuir et une paire de santiags.

Une tournée, c'est singulier. On est dans l'air. Tu peux te promener avec un secret au bras, tu peux t'habiller comme

Lulu, tu peux faire des matches catastrophiques… tu es loin, tu es ailleurs, et souvent tu es un autre. La tournée, c'est comme un lâcher de ballon.

Au début, le club mélangeait le stage et la tournée. Alors, on partait dix jours en Afrique du Sud, mais on ne voyait jamais l'Afrique du Sud. Aujourd'hui, on dissocie. En juin, la tournée, et en août, le stage. Fallait pas confondre le travail du ballon et le lâcher du ballon !…

Orly, neuf heures. Tout le monde est là. La liste est riche en couleurs, une belle palette pour impressionniste. Dumbo, Gros Ber, le Dingue, Lulu, Gégé, Boris, Tarbouif, Roco, Fouinasse, Bobo, Bouly, Kevin, Tony Chouffe, Mo, Caillou, la Tige, et ma pomme. Il y a aussi Maurice, le DTN – Directeur National des Tournées – sans oublier Stan le coach, Pierrot son adjoint et, bien sûr, le kiné, Petit Louis. À cet instant, on n'imaginait pas que Petit Louis allait nous exploser à la figure comme une mine oubliée sur une plage de Normandie. Pour l'heure, Petit Louis a sa valise d'élastoplaste, ses pommades à gogo, et son air de gosse éclaté rien qu'à l'idée de prendre l'avion. Pour l'heure, il a mis son appareil photo en bandoulière et il appuie sur le bouton toutes les cinq minutes. À chaque tournée, Petit Louis nous joue les reporters d'images. Puis, en septembre, il organise la soirée diapositives. Pour l'heure, Petit Louis, il est scotché à Sarah qui est venue l'accompagner à l'aéroport.

L'avion n'a pas décollé que Roco a déjà convoité la chef de cabine. À suivre. C'est notre capitaine. Enfin, pour cette tournée, car en temps normal, c'est Gégé. Mais comme ce dernier ne maîtrise pas trop la langue des danseurs de tango, il lui a cédé le brassard. Roco, il a une grand-mère espagnole. Ça facilitera la médiation avec les arbitres et avec les gars du cru. Pas la grand-mère, bien sûr. Roco joue troisième ligne aile chez nous, mais vu sa passion pour la femme en général, on l'a baptisé troisième ligne elle. Attention, c'est pas Casanova. Lui, il collectionne plutôt les ratés. Pourtant, il a tout pour réussir, il est giron, athlétique, poli, gentleman, il parle quatre langues, il bosse dans l'import-export, il s'appelle Roco, et il a même une décapotable. Ça devrait passer sans toucher les murs, avec un bagage technique aussi riche. Eh bien, non !... neuf fois sur dix, ça capote. Ça prend pas. Et on ne sait pas pourquoi. Peut-être la colle qui ne sèche pas assez vite. Ou le trac. La peur de gagner, quoi !

Pendant le voyage, Maurice nous a distribué le programme. Les lieux, les matches, les réceptions, les visites, les hôtels... Buenos Aires, Mendoza, Buenos Aires, Rio de Janeiro, trois matches et des entraînements tous les matins.

– Autant vous dire, les enfants, il a précisé, qu'il vous faudra mettre un bémol sur les sorties nocturnes. Il s'agirait d'éviter d'être ridicule...

Maurice, il est adorable, mais c'est notre Monsieur Morale. Au club, il est trésorier, et pour les tournées donc, c'est le boulet qu'on traîne aux pieds. Aucune fantaisie, aucun humour et toujours méfiant. C'est Maurice, quoi ! Monsieur Toutdroit qu'on le surnomme. Et, comme il est marié depuis trente ans avec Madame Riendetravers, il a fini par devenir champion olympique de l'ennui. En tournée, on l'évite, il passe son temps dans les musées et devant les monuments. Remarquez, comme dit Lulu :

– Pendant ce temps, il nous casse pas les couilles !

C'est juste.

Y a eu un débat au fond de l'avion. Sur la mêlée fermée.

Dumbo, Gros Ber et Dingo ne sont pas tout à fait d'accord. Une histoire d'appuis inversés et de poussée collective. Il a fallu une heure pour qu'ils tombent d'accord. Pas sur la mêlée, non, mais sur les avantages en nature de l'hôtesse.

– Putain, ce cul !

C'est Dumbo, et c'est sorti du ventre.

Dumbo, c'est notre pilier gauche. On le surnomme ainsi parce qu'en mêlée il monte et il descend comme au manège. Et puis aussi parce qu'il a des très grandes oreilles, mais ça, c'est entre nous, il vaut mieux éviter de lui dire. Tant qu'on est avec la première ligne, celui qui porte le bouc, c'est Gros Ber, le Toulonnais. Il pile à droite, et jamais il ne cède. Un Toulonnais. Au talonnage, Dingo. Physiquement, Dingo, c'est deux trapèzes et un grand nez. Il renifle tout, Dingo. Tout ce qui s'utilise subit le test du pif. C'est plus qu'un tic, c'est une philosophie !

– Sentir, c'est ressentir ! il dit toujours.

L'hôtesse vient de repasser. C'est une souffrance, pour des piliers, de mater une fille qui passe. Ils ont tous comme qui dirait un problème technique. D'abord, ils sont trop musclés du cou, ensuite, ils ont les cervicales légèrement concassées par les mêlées. Alors, pour le matage de greluche, ils n'ont que trente degrés d'autonomie circulaire, après, faut que les épaules embrayent. En même temps, ça leur fait beaucoup de bien, c'est comme des étirements. D'ailleurs, chez nous, le docteur du club leur conseille vivement le matage de greluche, surtout l'été, sur les plages. Le docteur, il dit toujours : « La plage, pour les cervicales, c'est comme la montagne, pour les asthmatiques : curatif. »

Samedi 1er juin, Buenos Aires.

Dix-sept heures et quelques, arrivée à Buenos Aires. Transfert à l'hôtel El Condor. À l'aéroport, on a nous présenté Miguel. C'est lui qui nous servira de guide. Il est envoyé par la fédération argentine. Maurice a définitivement opté pour un guide masculin car, une fois, en Australie, on a eu la belle Sandy. La pauvre, entre les départs au ras de Dumbo, les rentrées au casque de Gros Ber, et les tentatives de débordements de la Tige, la môme avait fini aux antidépresseurs. Le calvaire !

Quand on sait que la première question qu'a posée Dingo à Miguel en reniflant le fond de l'air argentin, c'est : « Miguel, espero qué y a dé la bonne salope, ici ! » on pouvait imaginer ce qu'avait dû endurer la belle Sandy. C'est sûr, avec Miguel, y aura moins de risque. Physiquement, c'est un petit bonhomme à lunettes d'une quarantaine d'années qui respire la bonté. Derrière ses grands carreaux, à Miguel, tu devines tout. Que c'est un passionné de rugby, un admirateur du jeu à la française. Que sa vie n'a pas dû être toujours drôle et qu'il a sûrement plus donné que reçu tout au long de son chemin. Tu devines aussi qu'il a dû souffrir à l'école, avec son strabisme divergent. Mais surtout, tu lis qu'il se couperait en quarante-trois pour t'offrir le moindre petit bonheur.

Le bus a traversé Buenos Aires à vive allure. La nuit glisse tranquillement en coulant sur le ciel. Il ne fait pas très chaud, ici, en juin, c'est le début de l'hiver.

– Putain, qu'est-ce que c'est beau ! s'est enflammé Tarbouif.

– T'as raison, a répondu Dingo, et en plus, ça sent la bonne salope !

En tournée, la poésie est biodégradable.

Le décalage horaire est le seul décalage que le joueur de rugby ne craint pas. Surtout dans ce sens. On est parti à l'heure du petit déjeuner, et nous voilà à Buenos Aires, le même jour, à l'heure de l'apéro, après dix-sept heures de voyage. Le temps de poser son sac, de se raser, de passer le blazer du club pour présenter potable, et hop, au briefing de Miguel… les endroits qui bougent… le prix des taxis… comment se dit bière, gin tonic ?… comment se dit « je suis ?… yo soy »… « comment tu t'appelles ?… como te jama »… « tu me plais beaucoup… me gusta mucho ! »… et bien sûr, pour les esthètes, les chercheurs et les scientifiques : « c'est combien la pipe ?… quanto esta la chupeta ? »… les bases, quoi !

Puis, Maurice Toutdroit, juste avant d'aller se coucher, nous a rappelé deux choses :

– Les gars, vu dans quels états vous allez vous mettre, je vous rappelle que vous représentez notre club… si vous voyez ce que je veux dire !

Un vrai père, Maurice.

Le gars Lulu a sorti son *Guide du routard*. Le programme à venir des Gros n'a rien d'un voyage organisé par un tour opérateur pour un groupe de Belges. C'est plutôt une croisière « gros paquet ». Du made in Lulu. Nous, les Gazelles, on n'en saura pas plus. Secret défense. Lulu est un adepte du « pour vivre heureux, vivons cachés ». Les dossiers, ils ne les lâchent qu'en fin de tournée.

Il est nécessaire d'expliquer quelques rudiments de savoir-vivre au sein d'une équipe de rugby. Le Gros joue devant, et la Gazelle, derrière. Les deux ne sont pas opposés, mais différents. Alors, dans la vie sociale de l'équipe, les différences subsistent. La nuit, la Gazelle est comme sur les terrains, elle s'emballe. Elle rêve de grandes envolées et de duchesses d'Angleterre. Le Gros préfère le concret, de celui qu'on attache avec du fil à rosbif. En virée, le Gros, il percute, il tient debout, et il libère pour ses partenaires. Il est plus collectif. Parfois, il existe des Gros au cœur de Gazelles. On les surnomme les bi. Chez nous, c'est Roco. Il fait des deux. Il existe aussi des Gazelles aux mœurs de Gros. Caillou, par exemple, notre trois-quarts centre.

Conclusion, l'apéro se fait ensemble, mais plus tard, au moment de prendre les décisions qui renversent l'équilibre international, la Gazelle cherche la belle adresse, et le Gros, la bonne adresse.

La belle adresse des Gazelles, ce soir, c'est le New York City, une boîte de nuit géante. À l'hôtel, Miguel nous a décrit les lieux en roulant les yeux. Il a raison, notre guide, il n'y a que des duchesses d'Argentine. En plus, la mode doit être au court, car les petites sont sapées au ras des lignes. Même les moches, elles agaçaient. Les Gros sont venus avec nous. Pour les cervicales.

Dingo a même tenté sa chance. Sans succès, bien sûr. Il est trop impatient. Une approche, et tout de suite il putte pour le par. Dingo, il a une capacité romantique d'une autonomie de deux minutes. Il a vu un secret à lunettes donc, et, après deux minutes de politesse d'usage, il lui demandait si elle préférait la grosse canne à sucre, ou la petite merguez. On avait beau lui dire, Dingo ne pouvait s'empêcher, il puttait toujours avec le drive.

– J'la sentais bien, pourtant, il a commenté.

– C'est rien, a consolé Gros Ber, elle est passée à côté du bonheur, tant pis pour elle !

Puis les Gros sont partis dans la taverne à Lulu. Le New York City, pour eux, ce n'est que de l'illusion en surgelé. Seul Roco, le bi, est resté avec nous. Petite précision, il a tellement serré de près la chef de cabine dans l'avion qu'il a fini par étouffer la môme.

Lundi 3 juin, Buenos Aires.

Onze heures, décrassage. Caillou a déposé un beau bouquet de fête sur le bord du terrain. Il y avait un peu de tout, du café, du croissant, de la viande haché de la veille, de la pomme de terre, et aussi surtout du gin tonic.

Cela fait deux jours que nous sommes là, et il faudra que Miguel nous briffe sur deux ou trois détails, parce jusqu'ici, on s'est un peu noyé dans les coutumes du coin. L'Argentine est très surprenante, elle est toujours accompagnée. Pas forcément par un fiancé, non, par des amis aussi. Ou des frères. Ou des cousins. En fait, c'est jamais très clair. Alors, t'y crois jusqu'au bout, mais tu te couches seul. Du coup, tu dors mal, tu t'entraînes mal, tu manges mal, tu digères mal, bref, ça peut te ruiner la tournée. Vraiment, faut que Miguel nous fasse une conférence en vue d'un rapprochement éventuel des cultures.

Attention, tout le monde n'a pas fait chou blanc. Fouinasse, notre demi de mêlée de poche, a ramené une fille. Enfin, une fille, une sorte de fille.

–Vous avez vu ce canon, il nous a dit le lendemain.

On évitait la vérité. Fouinasse, il ramenait toujours des grandes moches. Et il était toujours de mauvaise foi. On évitait la vérité parce que l'on savait. Fouinasse, il n'aimait que les grandes moches. On ne peut rien contre le chromosome de mochothologie.

Y a Kevin aussi, qui est revenu avec un joli p'tit secret. Il nous agaçait, Kevin. Il ne ramenait que des belles. Il est australien, et comme il est plutôt giron, avec sa gueule aiguisée, les filles, elles rêvent. En plus, l'Australie, c'est imparable. Quand toi, tu annonces que t'es né au Plessis-Robinson, ce con leur explique qu'à l'âge de quatre ans, il nageait avec les dauphins, et sans bouée. Forcément, il n'y a pas de match. On ne pouvait rivaliser qu'en tournée. Parce qu'à l'autochtone, on pouvait toujours raconter qu'au Plessis-Robinson, les requins venaient jusqu'au bord de la plage.

Hier donc, Kevin a ramené une superbe Argentine. Et ce matin, les Gros se sont fait un claquage des trapèzes quand ils l'ont vue sortir de la chambre.

Hier, premier pépin sentimental à l'hôtel. La fiancée de Tarbouif a appelé cette nuit, vers une heure du matin. Tarbouif était là, dans sa chambre, la 52, mais la réception le croyait dans la 62, et comme c'est une voix de fille qui a répondu, la Suzanne à Tarbouif, elle n'a pas voulu en savoir plus.

– T'imagines, il a dit à Lulu, tu es là, tu ne fais rien de mal, et voilà comment t'es récompensé.

Précision, Tarbouif est au bord du mariage, mais c'est un fiancé angoissé. Toujours sur la brèche. Et même si de temps en temps, il a quelques relâchements élastiques, en général, il est au garde à vous.

– Écoute, Tarbouif, a répondu le ceinture noire troisième dame, t'as qu'à la laisser mijoter dans la cocote, ta Suzanne… parce que, une femme qui t'appelle à cette heure-ci, c'est pas pour t'aimer, c'est pour savoir... alors, il s'rait temps que tu lui rappelles qui c'est Paupaul...

Du coup, au Tarbouif, ça l'a miné toute la journée. Il a passé son temps au téléphone à courir après sa Suzanne. Tarbouif est fiancé, et une tournée, pour un fiancé, c'est toujours délicat. C'est une trentaine de jeunes garçons, entre vingt et trente ans, qui sortent pratiquement tous les soirs dans les bars et les boîtes de nuit. Bien sûr, on a trouvé mieux comme activité culturelle, mais qu'est-ce que vous voulez, la nuit, partout dans le monde, il n'y a que ces endroits d'ouverts. Y a les pharmacies de garde aussi, mais c'est quand même un peu moins joyeux. Et que trouve-t-on dans ces endroits de partout-dans-le-monde ? Des filles. Et là où il y a des filles, bizarrement, il y a toujours des garçons pas très loin. C'est comme ça. On n'y peut rien. Celui ou celle qui n'est pas d'accord, on le comprend, mais il vaut mieux qu'il change de monde.

Dès lors, vous comprendrez que, pour ceux qui, comme Tarbouif, ne sont pas célibataires, c'est-à-dire fichés en rouge à la banque des sentiments, une tournée, c'est compliqué. Pas facile d'expliquer au retour à ton p'tit cœur que Bouly a ramené deux secrets à la peau douce dans la chambre et que, « j'te jure, mon amour ! » tu étais obligé de faire la conversation à la seconde, par solidarité, parce que Bouly n'arrivait pas à conclure avec la première. Comme dit Lulu, l'amoureuthologue : « Même si c'est la vérité, elle ne te croira jamais ! » C'est pour cela qu'une équipe, en tournée, s'entoure de précautions. Une sorte d'assurance secret, de quoi se faire rapatrier pépère en cas de pépins sentimentaux.

Chez nous, officiellement, on compte trois fiancés en

bonne et due forme. Avec accord des familles et compagnie. Du légal. Y a Tarbouif donc, qui n'est pas loin de l'alliance à perpète et dans le même cas, y a Bobo. Il doit même se marier à la rentrée. Et enfin, un peu moins engagé, la Tige. Question fidélité, Tarbouif est légèrement élastique, et la Tige, pas étanche du tout. Tout ce qui bouge lui convient aisément, et sa fiancé, Coralie, apparemment, elle ne sait rien. La Tige passe son temps à lui mentir, même quand il est à un kilomètre d'elle. Alors, imaginez en Argentine. Il lui dit qu'il s'emmerde, qu'on s'entraîne tellement que le soir, il est cuit et que les peu de fois où il nous suit, c'est insupportable, on ne pense qu'à ramener des filles à l'hôtel. Bref, il n'en peut plus, il a hâte de rentrer à la maison. C'est ce que les filles appellent un salaud, mais nous, il nous fait toujours marrer avec ses combines que tu vois venir les yeux fermés. Quant à Bobo, sa future promise, Françoise, appelle toutes les trois heures. Même qu'un jour, elle lui a fait un scandale parce qu'il n'était pas dans sa chambre à onze heures du soir. Elle lui met une telle pression, qu'il n'ose même pas regarder une fille. Le premier soir, il n'est pas sorti, le second, il nous a suivis, tête baissée. Mais Bobo, c'est une bombe à retardement. Il fait de la résistance.

Bien sûr, il y a le staff aussi. Stan et Pierrot, les coaches, sont mariés et plutôt sages. Maurice, on l'a déjà présenté, et Petit Louis, il est parfait. On pensait.

Onze heures, décrassage donc. Demain, on joue le premier match de la tournée, alors, prudence. C'est pas qu'on ait peur de perdre, non, mais on craint la blessure. C'est moche, en tournée. D'ailleurs, c'est le seul moment de la saison où l'on est presque heureux quand Stan, il nous laisse sur le banc. Soulagé. Le problème, c'est que, souvent, dans ce genre de match, ils se mettent d'accord entre coaches pour faire tourner tous les joueurs. Il croit que ça nous fait plaisir, mais en fait, cela ne nous arrange pas. D'ailleurs, en tournée, il y a souvent une épidémie d'élongations qui se déclare. Les élongations, il faut s'en méfier, c'est hyper-contagieux, cela s'attrape même en dormant. On appelle ça l'élongationite aiguë de tournée. La fameuse. On ne peut rien contre. Faut être patient, c'est tout. Elle disparaît comme elle apparaît.

Déjeuner libre.

On a voulu en savoir plus sur l'activité nocturne des Gros. Ils nous ont avoué que le nom subtil de leur taverne, le Hot Chica. Pour le reste, on n'a rien le droit de savoir. De toute manière, on n'y serait pas allé. Pas le premier soir. Les caniches, ça bouffe pas dans l'assiette des dobermans. On se contentera de comprendre que *hot* veut dire chaud, et *chica,* fille. Les Gros, ils aiment les endroits qui causent.

Puis sieste. Le shopping, c'est pas l'exercice préféré du rugbyman. Surtout en début de tournée. Le rugbyman est très hermétique au lèche-vitrine. Il attendra souvent la dernière minute et, du coup, il est parfois contraint d'acheter ses souvenirs de Hong Kong à Orly.

Avec Lulu, on a surpris la Tige en train de mentir au téléphone. Il disait qu'il était temps qu'on rentre, qu'il s'ennuyait avec tous ces mecs qui ne pensaient qu'à attraper les filles avec un filet à papillon, et qu'en plus il ne comprenait pas pourquoi, vu qu'ici il n'y avait pas de jolies filles. Que des boudins. Faire croire qu'il n'y a que des boudins en Argentine, même Pinocchio n'aurait jamais osé.

– Putain, m'a dit Lulu, sa nana, ou elle est con, ou elle est aveugle…

Seize heures, réception à l'ambassade de France à Buenos Aires. Notre Directeur National de Tournée, Maurice Toutdroit, a fait son discours. Comme d'habitude, il est fier et honoré. Il espère surtout que l'on soit à la hauteur de cet accueil unique. Nous, on a tous quitté les mots sans sel de Maurice pour les yeux sucrés de la fille de l'ambassadeur. Un vrai canon. Kevin lui a fait le coup des dauphins, mais il n'a pas vu Roco qui travaillait dans son dos, en sous-marin. En cocktail, Roco avait toujours la même tactique, la méthode dite du fox-terrier. Une pizza, et hop, un clin d'œil, une quiche, et toc, un sourire. On a eu beau lui dire que, visiblement, la fille de l'ambassadeur a plutôt un faible pour l'ami des dauphins, Roco n'a rien lâché, il est resté une plombe dans la roue de Kevin à manger des petits fours.

– Rigolez, les mecs, il nous a dit le soir même, je lui ai filé rencard pour demain, au match.

On a dîné ensemble. En Argentine, la viande, c'est du chocolat ! Les Gros se sont empiffrés comme des cochons. Je ne sais pas comment Gégé, il va pouvoir sauter en touche, demain.

Ce soir, les Gros sont resté sages. Pas nous. Un petit tour au New York City, ça ne pouvait que nous ouvrir les bronches. Mais cette fois, comme promis, on a amené Miguel. Juste pour nous aider. Malheureusement, notre guide, il est attachant, mais déjà qu'avec nous, il est timide, alors imaginez avec les filles. On l'a envoyé à la pêche toute la soirée, mais le pauvre, il mettait une plombe à lancer le bouchon. Ça finissait par les inquiéter, les duchesses, ce nain à hublot qui tournait autour d'elles comme un bateau mouche.

– Il est nul, c'est pas possible ! s'énervait Bouly.

– Ça va, Bouly, y fait de son mieux, calmait la Tige.

Du coup, cela est devenu si risible qu'on envoyait Miguel à la pêche un peu partout. On choisissait les plus belles et hop, notre Miguel qui allait s'empaler sur les refus après une heure de créneaux. À chaque fois, il nous regardait de loin, et il levait les bras au ciel en signe d'impuissance. Quand il revenait à la table, il était en sueur, désolé : « No comprendo ! » On le rassurait : « C'est rien, Miguel, faut t'accrocher, ça va payer ! »

Bien sûr, Miguel n'a jamais été payé pour ce courage. Tiens, je me souviens maintenant, Petit Louis était là aussi. Il a ri toute la soirée. À cet instant, il est loin de Rio. Et nous, loin du drame.

Mardi 4 juin, Buenos Aires.

La sélection de Buenos Aires, c'est comme toutes les équipes argentines : un moteur à deux temps. En première mi-temps, c'est une déferlante d'indigènes qui te rentrent dans les côtes par mini-vagues successives en criant comme des Indiens. T'as l'impression qu'il pleut des gros cailloux pointus. Tu es très vite prié de prendre les choses à ton compte si tu veux éviter et la visite des hôpitaux, et la défaite.

Pour le reste, il suffit d'attendre. De laisser passer l'orage, car en seconde mi-temps, l'Argentin s'assouplit. Ce qui n'est pas le cas partout. Une fois, en revenant d'une tournée australe, on était passé par les îles Samoa. À l'époque, personne de la vieille Europe ne jouait contre eux. Il n'y avait pas encore de Coupe du monde et on ne les pensait pas trop joueurs de rugby. Du coup, tout le monde pensait que c'était comme un cadeau avant de rentrer. Des vacances, quoi ! Eh bien, pas du tout. Figurez-vous que l'on a été très surpris. On a pris quarante points. En fait, on a constaté trop tard que le Samoan, même occidental, ne s'assouplissait jamais. D'ailleurs, il n'aimait pas ça du tout les assouplissements, mais alors, pas du tout. Même pendant la troisième mi-temps. Quand tu buvais un verre avec un Samoan, tu ne savais jamais à quel moment il allait te mettre un coup de poing dans les flottantes pour t'exprimer sa chaleur et t'expliquer que, désormais, tu étais son ami. Du coup, dans la soirée, plus on avait d'amis, moins on avait de flottantes.

Là-bas, il fallait faire un choix, ou les amis, ou les flottantes.

Là-bas, Petit Louis était débordé. Pour nous remettre sur pied, il valait mieux être mécanicien, pas kiné. Ici, en revanche, c'est relâche pour lui. D'ailleurs, il a passé son après-midi à prendre des photos. Dans le bus, dans les vestiaires, et même sous la douche.

On a fini par avoir la peau des Indiens de Buenos Aires. 33 à 14. Roco a même marqué un essai en force. Ça stimule, une fille d'ambassadeur. Mais il est furieux, Roco, parce qu'après avoir fait l'exploit, il a demandé à Stan de sortir. Il aurait bien vu la suite du match à côté de la petite, mais le coach a dit non :

– T'es fou, ou quoi, t'es le capitaine, OK… alors tu vas me montrer l'exemple jusqu'au bout.

Il est furieux donc, parce que Kevin, il est sorti à la mi-temps. Une terrible élongationite aiguë de tournée. À te plier de douleur. Du coup, complètement par hasard, il est venu s'asseoir à côté d'elle. La pauvre, elle ne connaissait pas toutes les règles.

Attention, Roco, il a une qualité incomparable, il a beau

être au fond d'un trou, tout nu, démuni après s'être fait voler une fiancée par un poissonnier lituanien, il reste digne. Furieux, mais digne.

C'est donc avec une grande dignité que Roco a accepté sa défaite sentimentale. Après le banquet, il a discouru le long de ce bouleversant accueil que nous avaient réservé nos adversaires. Et en espagnol, et avec humour. La fille de l'ambassadeur a beaucoup ri, elle a même applaudi, mais c'est Kevin qui rentrera avec. Roco a conclu en saluant la bravoure légendaire des Argentins, il a offert vingt cravates du club aux joueurs plus une médaille à leur capitaine. Bien sûr, Maurice a pris la parole, mais personne ne l'a écouté. Les dirigeants sont tous les mêmes, ils commencent leur discours par : « Je ne vous embêterai pas longtemps, mais je voulais juste dire que… » Et tac, t'en as pour une plombe. Après cet interminable discours, Maurice est allé se coucher. C'est qu'il est crevé, Maurice, avec tous ces monuments qu'il visite. Ils doivent se marrer, Stan et Pierrot avec Monsieur Morale.

Dingo a filé sa cravate à Miguel qui a pleuré. Et Boris, il a fait oui avec la tête.

Boris, il est troisième ligne aile, polonais d'origine grecque. Il vient de signer au club, on ne le connaît pas trop. C'est Tarbouif qui partage sa chambre

– C'est un mystère, nous a-t-il confié, il parle pas, ne lit pas, ne regarde jamais la télé, et quand tu lui demandes à quoi il pense, il te regarde à peine et il fait non de la tête… c'est un ours !… parfois, y m'fait peur !

Plus tard, les Argentins nous ont amenés dans un pub. Je ne sais pas si vous imaginez la tête des filles qui voient débarquer cinquante rugbymen en une seule fournée. Attention, y a des fans aussi.

Au bar, les Gros de chez nous et les Gros de chez eux ont discuté d'amour et de mêlée. C'est ce qu'on appelle le marché d'échanges. Y avait comme des divergences de point de vue. Sur la mêlée, et sur l'amour. Après deux heures d'échanges techniques et culturels, Dingo est venu nous voir :

– Vous voyez, les gars, eh bien, les gonzesses, chez nous, elles ont du bol !... Faut pas qu'elles se plaignent, parce que l'Argentin est beaucoup plus sévère que nous... Et regardez bien autour de vous... Vous remarquez quelque chose ?

– Non...

– Elles n'ont pas l'air malheureuses, hein ?

T'as raison, Dingo, le marché d'échanges, ça ouvre les esprits.

Les Gros ont enfin lâché quelques secrets sur le Hot Chica. Attention, pas l'adresse. Juste quelques dossiers.

Là-bas, les filles portent toutes un nom de pays : Argentina, America, Cuba, Venezuela, España, Brazil...

– C'est un peu comme à l'ONU, a précisé Lulu, le tisseur de paix. Il y a même une Francia !...

– Mais combien vous les payez les gonzesses ?

Pas très cher. Un prix de Gros. Attention, a précisé Lulu, le Hot Chica, c'est un monde juste où tous les pays sont à égalité. Le Brésil, par exemple, ne coûte pas plus cher que les États-Unis d'Amérique. Et ça, l'égalité, c'est encourageant pour l'avenir de l'humanité.

On comprenait mieux maintenant la jovialité des Gros depuis notre arrivée. Ce n'est pas tous les jours qu'on pouvait s'offrir les États-Unis d'Amérique. Attention, de temps en temps, y avait des embrouilles. Brazil se fâchait avec

Germany, laquelle piquait les pompes d'Argentina. Mais la tôlière veillait, y avait jamais « confit » mondial, comme disait Gros Ber.

À propos de la tôlière, y a un loup. Elle a le béguin pour Lulu. D'ailleurs, Lulu, il a toujours plu aux moyens âges. Ce doit être son côté gorille aux yeux de soie. Il fait rassurant, Lulu. Comme dit Gégé, il est comme les bons lits, dur au toucher, mais confortable. T'as jamais mal au dos au réveil. Mais ça l'embête au Lulu, d'être aimé, parce que, du coup, la tôlière, elle veut pas qu'il touche aux filles. En contrepartie, Lulu, y rentre gratos. Les préférés des filles, ce sont Dumbo et Gros Ber. Dumbo parce qu'il travaille plutôt bien au sol. C'est un judoka de formation, alors forcément, il pratique le arm lock. Faut juste que la fille, elle n'oublie pas de taper sur le tapis quand elle peut plus respirer. Et Gros Ber, il aime comme il joue en mêlée, il ne bouge pas. Il reste couché sur le dos, côté poils, et la fille, elle doit tout comprendre. Parfois, quand il n'est pas en forme, il fait le bruit des cigales. Pour le moral.

Petit Louis rigolait. Notre kiné avait accompagné les Gros un soir.

– Et alors ? a demandé la Tige qui avait de la bave sur les lèvres.

– Comme d'habitude, il a été exemplaire, a dit Gégé. Il a rien touché. Il a juste massé la tôlière qui se plaignait de la hanche.

Décidément, Petit Louis est plus qu'un mec formidable, il est héroïque.

Les Gros sont aux anges, ils ont même un super-projet. Ce soir, ils organisent la première coupe du monde de chupeta. Une grande première. Ils ont déjà tiré au sort les poules.

Et y a un Gros par poule. C'est Lulu qui note. Pour le reste, c'est comme notre Championnat de rugby, y a quatre qualifiées par poule, et en voiture jusqu'à la finale. Le vrai Mundial, quoi !

Les Gros ont invité les juniors. Ça promet.

Nous, les Gazelles, on a suivi la fille de l'ambassadeur, Rebecca. Elle nous a amenés dans une soirée privée. Nous, c'est Kevin bien sûr, Bouly, la Tige, Fouinasse, Jo-ma-pomme et Roco, le bi. Il espérait encore une erreur fatale de Kevin. Ou un claquage. Bobo aussi nous a suivis. Il s'est pris la tête au téléphone avec sa Françoise, du coup il est décidé à nocer sans épargne.

Une soirée où il n'y a que des riches, ça se voit rien qu'en arrivant sur le parking. Et, dans la maison, une vraie réserve de duchesses en liberté pour Gazelles. Comme à Touary. La Tige et Bouly dansent les slows. Fouinasse a trouvé une grande moche, Kevin est déjà en pogne, et Bobo est au bord de la rupture. Quant à Roco, il a déjà oublié Rebecca. Il discute ferme avec, paraît-il, la fille du ministre de l'Économie. Apparemment, la colle a l'air de prendre. Mais, une fois de plus, ça s'est gâté. Il sentait bien que la fille du ministre avait le béguin pour lui, mais y a un grand brun qui est arrivé sur le coup des trois heures du matin. Et ce grand brun, c'était son fiancé. On a cru que Roco, il allait se mettre torse nu, et abattre la maison à coups de latte. En fait, il a pris une grande bouffée d'oxygène, et il est allé s'asseoir tout seul à côté du buffet. Digne. Cette fois, on en est sûr, Roco, il doit avoir un chat noir égorgé qui vient de becter un trèfle à quatre feuilles dans sa poche.

Mercredi 5 juin, Mendoza.

Bobo est miné. Il voulait nocer sans épargne, et il a tout dépensé d'un coup. Amanda, une ravissante Argentine de Buenos Aires, lui a fait perdre ses points cardinaux. Ce matin, il a le sud au nord, et l'est à l'ouest. Et Bobo, donc, il est miné. Il s'en veut. Le remords. À l'hôtel, quand il est rentré à l'heure du petit déjeuner, il y avait trois messages de sa Françoise. Ça lui fait comme une boule au ventre. Ça lui a coupé l'appétit. Il n'ose plus appeler en France :

– J'suis quand même un vrai salaud, hein ?

Lulu l'a consolé. Il lui a rappelé la base de la philosophie lulutienne :

– On n'est pas né pour se faire chier avec des conneries. T'as pas égorgé ta grand-mère, merde !

Excepté Maurice, tout le monde est d'accord avec Lulu.

Moi, je crois surtout que Bobo, il vient de glisser amoureux d'Amanda. À chaque tournée, y en a un qui tombe. On n'y peut rien, ce sont les statistiques. Cette année, c'est Bobo, c'est plus ennuyeux, car il est déjà fiché.

La Tige est beaucoup moins miné. Il est rentré à l'hôtel avec Bouly et deux petites. Et comme ils sont ensemble en chambre, ils ont comparé les techniques. Quand elles sont parties comblées jusqu'aux joues, il a appelé Coralie pour lui dire qu'il l'aimait comme une chute de torrent éternel.

On en sait déjà plus sur la linguistique. Faire l'amour se dit de deux manières. *Hacer l'amor* pour les esthètes et pour ceux qui, dans notre équipe, étudiaient plus précisément les coutumes locales, c'est-à-dire les chercheurs, les psychologues et les spéléologues, on disait plutôt *Fiky-fiky*. On sait aussi comment on dit cacahuète, mais bon, ça, c'est beaucoup moins utile en tournée.

On en sait plus aussi sur les pratiques romantiques de Boris, notre nouveau troisième ligne trapu. C'est Tarbouif qui a surpris la scène. Tous les matins, depuis le début de la tournée, il attend la femme de ménage. Là, quand elle débarque, il fait semblant de sortir de sa douche, la serviette autour de la taille, et il tourne négligemment autour. Forcément, la môme, qu'a pas pu assister au dernier spectacle des Chippendales, elle a du mal à rester complètement insensible à ce que Lulu a baptisé le triangle P-E-D, pectoraux-épaules-dorsaux. Là, décontracté, mais pas complètement relâché, il attend l'instant crucial où la belle va montrer des signes de faiblesse. Il paraît que c'est une question d'expérience. En principe, elle est moins régulière dans le maniement de l'aspirateur. Le désir, ça coupe le souffle. Et tac, Boris en profite pour cueillir la fleur. Enfin, cueillir, « arracher ! » a précisé Tarbouif, parce que, les femmes de ménage, il valait mieux qu'elles soient comme les montres suisses, étanches et antichocs. C'est que, Boris, au développer-coucher, y bougeait deux cents kilos par série d'quinze. L'autre matin, quand Tarbouif l'a surprise, la femme de ménage, elle touchait plus les pieds par terre. Attention, la môme avait été consciencieuse, a précisé Tarbouif, elle n'avait pas lâché l'aspirateur.

Cet après-midi, excursion. Mendoza est au pied de la cordillère des Andes. Et ça, Maurice, il ne pouvait pas résister. C'était son rêve. Alors, on est monté, et on est descendu, puis remonté, puis redescendu. Le problème, dans cette équipe, c'est qu'il suffisait qu'un mec dise à Dingo qu'il était pas cap de montrer son postérieur et ça partait aussitôt en lambeaux. Une fois, dans un hôtel, il avait mis tous les meubles qui étaient autour de la piscine, dans la piscine. Comme ça, sur un pari. Maurice était ravi, ce jour-là.

Alors voilà, Lulu a dit à Dingo : « Pas cap de se filer à poil »… Et Petit Louis a pris les photos. D'abord tout nus, avec la cordillère des Andes en décor et plus ça a été, moins on a vu la cordillère des Andes. On a fini le cours d'anatomie section naturiste sur les couilles à Dingo, de profil, avec la montagne en arrière-plan. Du grand art graphique. Esthétiquement, y a rien eu à redire, le ciel était si bleu.

– Vous êtes vraiment des gosses, il a dit Maurice.

Pour une fois, on l'a approuvé.

Le soir, au dîner, les Gros ont enfin donné les résultats du Mundial.

C'est Argentina qui a gagné.

– D'abord, c'est une experte, a dit Gégé, et en plus, elle joue à domicile. Devant son public. Elle a bien fait les choses, la tôlière, il a admiré Gégé. Y avait une petite tribune et des loges. À guichet fermé, il s'est disputé, ce Mundial.

Nous, on a demandé ce qu'elle avait fait, Francia. Les Gros nous ont expliqué qu'on finissait par retrouver les tendances. Francia, elle avait été très forte dans les matches amicaux, mais hier elle a perdu tous ses moyens.

– Ça, la compète, c'est vraiment pas notre truc…

Du coup, on a ouvert un débat sur la répartition géosexuelle de l'amour dans le monde. Il est certain qu'après avoir sillonné un paquet d'endroits du globe, on pouvait comparer. Lulu est parti des deux extrêmes comme étalons, l'Argentine, et la Galloise. Côté physique, y avait pas de match, la Galloise est très particulière. En même temps, elle a ses fans, elle est plus ouverte. L'isolement, peut-être. En plus, elle travaille bien. Un peu brutale, mais bosseuse.

– Et les bosseuses, a déclaré Dingo, ça se respecte !

On était tous d'accord sur l'Argentine. Elle est magnifique, mais trop rigide. Et puis la concurrence est trop rude, dans la région. L'Argentin est plutôt giron. C'est épuisant. L'Anglaise ? Des qualités, mais Tarbouif, il pense que, pour passer une soirée avec une nana qui tisait au blanc sec, fallait être courageux et vigilant.

– L'Anglaise, il a dit, faut jamais l'embrasser après trois heures du mat !...

Le petit faible à Lulu, c'est l'Asiatique. Elle s'adapte à toutes les situations et elle est docile, elle a toujours le sourire. Et ça, en Europe, le sourire, c'est rare. Le problème, c'est pour les amoureux de la tétine, fallait les soutifs à balconnets. On ne peut pas tout avoir.

Conclusion, tout le monde attend le Brésil. Même Lulu, il ne connaît pas. Il paraissait que la Brésilienne était belle, élastique, docile et qu'elle avait toujours le sourire. Les Gros étaient très impatients. Nous aussi.

Enfin, si on avait su, on aurait évité le Brésil.

Jeudi 6 juin, Mendoza.

Un petit peu de rugby, tiens, ça va nous dégourdir. Aujourd'hui c'est le second match de la tournée. Contre un club local. La terrible épidémie d'élongations a commencé. Stan s'est fâché, mais on ne pouvait rien faire contre l'élongationite aiguë. Y a huit victimes.

Cela ne s'est pas trop senti dans le rendement de l'équipe car nous avons fait une démonstration juste après les déferlantes argentines de la première mi-temps. Ensuite, le club de Mendoza a organisé un grand barbecue. On a fini dans la seule boîte de nuit du coin. Lulu a été formel, il avait consulté tous les registres, il n'y avait que cet endroit. L'élongationite aiguë, c'est très pratique, parce que ça ne te cloue pas entièrement, tu peux sortir. Tu peux même boire, ça fluidifie le sang.

On ne saura jamais pourquoi la fatigue nous a ramenés à l'hôtel plus tôt que d'habitude. Et, allez savoir pourquoi ce chauffeur de taxi a choisi de s'arrêter devant ce bar, pour satisfaire une urgence ? Toujours est-il qu'une véritable bombe chimique allait nous exploser à la face.

– Putain, regarde ! a crié la Tige. Baisse-toi !

Pas possible ! Incroyable ! Maurice, Monsieur Maurice Toutdroit en personne. Et devinez un peu ce qu'il fait, Monseigneur de La Morale, il vient de sortir du bar. Et aux bras de qui le chevalier de l'Ordre national du mérite est accroché ? D'un beau p'tit secret à jupon, dis donc. Il s'est évaporé au coin de la rue. Alors là, on est baba, avec la Tige. Il nous cache bien son jeu, le Maurice ! Dire que tout à l'heure, après le banquet, il nous a dit :

– Bon, j'suis cuit, je vais me coucher.

Et quand Miguel lui a proposé de le faire raccompagner, il a refusé, tu penses ! Il voulait faire un peu de marche. Pour digérer.

Samedi 8 juin, aéroport de Buenos Aires.

Aujourd'hui, c'est direction Rio de Janeiro.

Hier, on a fini par mater la rébellion des Indiens de l'université de Buenos Aires. Ça a été le match le plus dur. L'équipe était décimée, on comptait douze cas d'élongationites aiguës, plus deux cas de fractures de fatigue. C'est sûrement les entraînements quotidiens que continuait d'imposer le coach qui en étaient la cause. Bref, on va rentrer au bercail invaincus, et ça, c'est du bon travail, parce que, mis à part une tournée effectuée aux États-Unis, ça n'était encore jamais arrivé.

Hier, les Gros nous ont enfin invités dans leur fief. La différence fondamentale entre la belle adresse des Gazelles et la bonne adresse des Gros, c'est que, dans la première, les filles dansent et les mecs sont tous au bar. Ils matent. Dans la seconde, c'est les filles qui sont au bar. C'est elles qui matent. Y a eu le méga-Mundial. C'était le cadeau des Gros. Chaque Gazelle avait chacune une poule de quatre filles tirée au sort. Fouinasse, il avait Argentina – le fumier –, España, Cuba et Italia, la poule latine. Ma pomme, j'ai pas eu de chance, j'ai pris la poule la plus rugueuse, Austria, Allemania, Ingletera et Hollanda. Bouly, lui s'est retrouvé avec la poule de l'Est, pas facile non plus, Cecoslavia, Russia, Poloña, et Roumania. J'vais pas faire le tour des poules, parce que c'est le méga-Mundial, mais il fallait juste dire que Francia, qui ressemblait à tout sauf à une descendante de Gaulois, a déclaré forfait. Une tendinite à la joue, ça ne pardonne pas à ce niveau de la compétition. Le règlement était clair. Elles avaient chacune deux minutes pour convaincre les juges. C'est-à-dire les Gros. Après chaque passage, y avait note artistique et note technique. De plus, ils avaient mis en place un système de paris. Avec les cotes bien sûr. Ils avaient dû créer une telle animation dans les Mundial précédents qu'on jouait encore à guichets fermés. Même Miguel était là.

Cecoslavia a été la révélation de la soirée. Au dire des Gros, elle n'avait jusque-là jamais passé les huitièmes de finale. Elle est en finale. Comme quoi, l'entraînement, ça finit toujours par payer. Malheureusement, on ne battait pas Argentina chez elle. Surtout en finale. Deux dix en technique, trois neuf en efficacité et quatre dix en artistique, un record.

Puis, ça a été le moment des adieux. La tôlière, c'est tout juste si elle n'a pas attaché Lulu au comptoir. Argentina, Brazil, Cuba, Allemania, Francia, Cecoslavia, Italia, toutes les membres de l'ONU ont sorti leur mouchoir. C'est émouvant, l'unification, la paix mondiale. On était très fiers, c'était l'œuvre de nos Gros à nous. C'est sûr, ce soir, il y aura un immense vide au Hot Chica.

Les adieux ne sont pas finis. Dans le hall de l'aéroport, on ne voit plus les yeux de Miguel. Y a de la buée sur les carreaux. Les Gros lui ont offert un blazer du club et le maillot de Gégé. Il embrasse tout le monde. Bobo est dans un coin, avec Amanda. Il avait pratiquement disparu ces derniers jours. Il n'a plus l'air miné. Il est scotché, et il a la larme à l'œil.

Maurice poste des cartes postales. Avec la Tige, depuis cette découverte, la plus importante à nos yeux depuis celle des Amériques par l'ami Christophe, on n'avait rien dit aux autres. On s'était juré de ne pas jeter Maurice en pâture. On l'observait, avec son air à angle droit. Sacré Maurice ! Du coup, on se demandait bien ce qu'il faisait de tous ses après-midi où il visitait les musées.

– Allez, les enfants, a-t-il crié, faut embarquer, maintenant.

La Tige est passé devant lui, et il n'a pas pu s'empêcher :

– Maurice, t'es pas trop cuit avec tous ces musées que t'as visités ?

– Te moque pas, la Tige, il a répondu. Moi, au moins, j'ai appris des choses sur la culture argentine.

Sacré Maurice !

Mercredi 12 juin, Rio.

La tuile donc. Petit Louis veut rester. Bouly, Dumbo et moi, on attend Lulu avec impatience. La Tige est monté préparer ses bagages. Petit Louis est toujours dans sa chambre. Y a donc encore de l'espoir. On n'arrive pas à y croire. Petit Louis, pas une infidélité, pas un regard de travers, pas un accroc sentimental. Je le revois encore avec nous, au New York City, rigoler quand on butait sur l'Argentine. Quand on pariait sur nos chances d'obtenir une faveur.

Tarbouif vient d'apparaître dans le hall, un beau sac à touriste dans la main. Il est très surpris de nous voir assis là :

– Vous en faites, une tronche, les gars !... on a perdu quelqu'un ?

– Peut-être ! a répondu Dumbo.

On a mis Tarbouif au parfum. Il est abattu.

– Pas lui, c'est pas vrai !... comme quoi, hein, à force, à force, et voilà !... Et qu'est-ce qu'on fait, maintenant ?... Non, parce que, P'tit Louis, il faut le ramener, un point c'est tout !

– On attend Lulu, il va lui changer les idées.

– Ouais, eh bien, moi, j'attends pas Lulu. J'vais lui changer les idées tout de suite. Tu comprends, s'il revient pas, déjà, je ne sais pas comment on va expliquer ça à Sarah, mais j'sais pas non plus comment moi, je vais expliquer ça à Suzanne… Un coup comme ça, et la prochaine tournée, j'suis attaché au radiateur…

Tarbouif est angoissé. Une semaine de suite au Hot Chica, ça ne s'efface pas que sur un mensonge. Même s'il a plus regardé que pratiqué, va falloir qu'il s'explique au retour. Qu'il invente des endroits et que cela corresponde à ceux que les autres diront.

– Bon, je monte voir Petit Louis.

Tarbouif est redescendu dans la minute, décomposé.

– Alors ?

– Alors, rien, il veut rien savoir, le con, il reste, et puis c'est tout ! Il n'a même pas voulu m'ouvrir, putain !

– Qu'est-ce qu'il fout Lulu, il achète la ville, ou quoi ?

On s'inquiète. C'est le seul qui peut retourner Petit Louis. Il trouvera les mots. C'est sûr.

Tiens, voilà Gros Ber et Dingo. On leur annonce la tuile.

– Putain, mais il a raison, P'tit Louis, a dit Dingo, t'as vu ce paradis, ici.

– C'est pas drôle, Dingo, a coupé Tarbouif, Petit Louis, il faut l'aider, pas le couler. Il a sûrement fait le con avec une petite, et j'suis sûr qu'en fait il le regrette tellement qu'il n'ose même plus rentrer chez lui.

Il a peut-être raison, le Tarbouif. Petit Louis, il a glissé léger et il n'ose plus se regarder dans le miroir. Quant à affronter Sarah…

– Mais oui, il suffit juste de lui expliquer que ça arrive, que ça fait partie de la vie, dit Bouly. Petit Louis, il n'a jamais trompé Sarah, alors, t'imagines le choc qu'il a dû subir en se réveillant à côté de sa boulette. Déjà qu'à nous, ça nous met une boule à l'estomac, alors à lui… hein, La Tige ?

– C'est sûr… faut une certaine pratique pour digérer ces trucs-là… On imagine pas le travail qu'il faut faire sur soi.

Du coup, on est tous montés dans la chambre de Petit Louis. Il ne voulait pas ouvrir, bien entendu. Alors, on a parlé derrière la porte.

– Petit Louis, écoute-nous, a commencé Tarbouif, c'est pas grave, ce qui t'arrive, on a tout compris…

Pas de réponse.

– … C'est rien, tu vois, on a tous fait des conneries, tu sais… moi, Bouly, Gros Ber, la Tige, tous… et on sait que là, t'es malheureux…

– Ouais, a continué Gros Ber, faut surmonter ça, Petit Louis…

Silence.

– En plus, tu sais, Sarah, elle ne saura rien… tu connais le règlement interne…

– Petit Louis, allez, ouvre-nous…

– Mais qu'est-ce qu'il fout ce con ? s'est énervé Dumbo.

– Moi, je vous dis, il faut lui mettre un grand coup de chichon derrière la lunette et hop, au bercail…

– Dingo a raison, a confirmé Bouly… vous verrez, il nous remerciera…

– Putain, mais merde, j'espère qu'il n'est pas en train de se pendre, le con.

Aïe, c'est vrai que la chambre nous paraissait bien silencieuse. Pas longtemps, Petit Louis vient d'ouvrir :

– Je crois que vous n'avez pas bien compris les gars, laissez-moi tranquille.

Et il nous a refermé la porte sur le nez.

– Bon, je crois qu'il n'y a plus que Lulu pour sauver Petit Louis du dégât des eaux.

J'ai fini par aller faire ma valise. On a décidé tout de même de se relayer près de sa porte, des fois qu'il décide de partir avant l'arrivée de Lulu.

Je ne peux pas croire que Petit Louis se soit fait retourner comme ça, juste pour une escapade parallèle. Il y a autre chose.

Lulu est enfin revenu du shopping. Il est avec Roco et Gégé. Vite les mettre au jus sur la chose. Ça tombe bien, dans le hall, il y a tout le monde maintenant. Sauf Dingo. Il est de faction devant la porte de Petit Louis.

– Vous déconnez les gars, a dit Roco, pas Petit Louis !

– Si, j'te jure !

– Allez, il nous fait une petite farce, c'est tout. Vous le connaissez, non ?

Lulu est tout jaune. L'amoureuthologue a compris. Ça n'a rien d'une farce.

– Il est où ? il a demandé.

– Dans sa chambre ! Il ne veut même pas ouvrir.

Tout le monde est monté. Vrai que le Brésil, depuis trois jours qu'on est là, ça pouvait donner le tournis. C'est le paradis. Sur la plage, il y a eu cinq claquages des trapèzes et trois hernies discales. Comme dit Lulu, la Brésilienne, c'est comme le pain complet, ça nourrit tout l'bonhomme. Physiquement, c'est extrêmement bien étudié, verbalement, il n'y a que du charme et, amoureusement, elle n'a que des avantages. Elle prend tout en main, de l'intendance à la gestion des stocks. Elle ne laisse rien au hasard, même pas la comptabilité. Parce que, attention, tout n'est pas gratos. Mais comme dit Gégé : « Avec cent balles, aujourd'hui, t'as plus rien ! » Alors, forcément, comme elle est très commerçante, elle trouve beaucoup d'amis. Les Gros, les Gazelles,

les Américains, les Suisses, les Canadiens du Sud, les Espagnols du Nord, les hommes d'affaires, les marins, les touristes, les militaires, les hommes politiques, les mariés, les veufs, les étudiants, les salauds, les mecs bien, les espions… Et peut-être même les Petit Louis.

– Eh oui, faut pas croire, nous explique Roco en attendant l'ascenseur, Petit Louis, c'est un mec merveilleux, mais c'est pas un surhomme. À force de le mettre devant les vitrines de Noël, un jour…

Ici, Roco est épanoui. C'est le paradis. Il n'a plus aucun problème de finition. Les balles de matches, elles s'achètent. Comme tous, d'ailleurs. Dumbo aussi a du mal à quitter l'éden. Il n'a jamais vu autant de femmes tomber amoureuses de lui, notre Dumbo aux grandes oreilles. Et Tarbouif, et Gégé, et Lulu, et Dingo, et Boris, et la Tige, et Bouly, et tout le monde quoi !

– Alors pourquoi pas Petit Louis, hein ? lance Bouly.

L'ascenseur est là. On s'y engouffre.

Il n'y a que Bobo qui s'est abstenu. D'ailleurs, il est à deux doigts d'ôter la goupille lui aussi. Pour retourner en Argentine. Depuis deux jours, il bougeait pas de sa chambre, rivé au téléphone. Amanda par-ci, Amanda par-là. Et, comme il n'avait pas fait la Grande École du Mensonge de la Tige, il avait bien du mal à dire à sa Françoise ô combien il était heureux de rentrer. Qu'elle lui avait manqué tous les jours un peu plus. Hier, il lui a même parlé en espagnol, dans la confusion. Le retour s'annonce difficile. Et le mariage, encore plus. En même temps, c'est pas très grave. Bobo, c'est pas Petit Louis. Il n'a pas quarante piges, une femme et cinq enfants.

L'ascenseur monte, maintenant.

– Allez, va, on a qu'à le laisser, Petit Louis, dans deux mois, il revient en pleurant... a suggéré Bouly.

– Ouais, a coupé Gros Ber, et tu vas expliquer à Sarah qu'il a attrapé la grippe mexicaine et qu'il reviendra quand la fièvre s'ra tombée.

Ici, Gros Ber nous a fait un parcours sans faille. Impérial. Au Brésil, on te conseille, avant d'aller te balader dans les rues, d'éviter de porter toutes valeurs scintillantes qui pouvaient attirer l'œil sous peine d'être en danger. Mais Gros Ber, il est toulonnais, et un Toulonnais, ça se balade avec sa chaîne de vélo en or sur les poils et sa montre big mac au poignet partout dans le monde, même à Rio, dans les favelas. « On craint déguin ! » y disait.

L'ascenseur est arrivé à l'étage.

Lulu n'a rien dit encore. Je lis dans son regard qu'un Petit Louis voulant rester, qu'un Petit Louis qui avait tout maîtrisé en quinze ans de carrière dans une équipe de rugby, c'était beaucoup plus grave qu'un simple amour buissonnier.

– En tout cas, si c'est une farce, c'est pas drôle...

– T'as raison, Bouly, a répondu la Tige... Et puis, il nous fait chier, Petit Louis. Il gâche la fête, tu vois.

On arrive devant la chambre de Petit Louis. C'est étonnant, Dingo n'est plus en faction. La porte est même ouverte. Mais... mais qu'est-ce qu'il a foutu Dingo ? Petit Louis est au sol, assommé et le pif en sang. Sa valise à côté. Prête.

– Il voulait partir, tu te rends compte, alors... euh... j'étais emmerdé... j'savais pas quoi faire...

– Alors, comme tu ne savais pas quoi faire, tu t'es dit... tiens, j'vais lui déplacer le nez, hein ?

– Ben... j'me suis dit qu'en même temps ça allait lui

décongestionner les idées. On sait jamais. Ça s'est déjà vu... j'ai un beau-frère comme ça...

– Dingo ? a stoppé Lulu.

– Ouais...

– Ta gueule !

Dingo, j'suis pas sûr qu'il aurait fait carrière dans le corps diplomatique.

Mince, y a Maurice qui débarque. Il a pris connaissance de l'affaire.

– Bravo, les mecs, c'est une réussite, votre histoire. Petit Louis reste, sa femme va se suicider, et les enfants iront à la DDASS. C'est chouette, non, comme fin.

Notre Maurice est furieux.

– Vous êtes des cons, c'est tout !...

On s'est regardés avec la Tige. On ne pouvait pas se laisser insulter par Maurice-Faux-Cul. La Tige a donc pris Maurice par le bras et il l'a amené dans le couloir. Puis la Tige est revenu. Seul. La scène s'est déroulée en silence.

– Mais, il est où, Maurice ? a demandé Bouly.

– Il est parti faire ses bagages.

Dumbo a regardé la Tige, puis nous autres, avant de dire, d'un air très mystérieux :

– Y a des trucs très bizarres qui se passent dans cet hôtel...

– Bon, laissez-moi seul avec lui, a dit Lulu. Gégé, reste avec moi. J'suis très inquiet.

On s'est tous retrouvés dans le couloir. Le bus doit venir nous cueillir dans quinze minutes. On a prié pour que Petit Louis ressorte en rigolant, le nez éclos comme une fleur d'été, et content de sa farce. Ou que Lulu et Gégé le retournent comme une crêpe. Ou que le coup de caberlot de Dingo lui ait vraiment remis les idées en place. En tout cas, il y avait un grand silence interminable.

Puis Lulu est sorti. Puis, Gégé. Seuls. Sans Petit Louis.

– Ça pue, les gars, a senti Dingo.

– Alors ?

– Alors, il reste. Il m'a donné cette lettre pour Sarah.

– Mais putain, c'est pas possible !... Faut l'attacher, faut le mettre de force dans l'avion, merde !

– Non, Tarbouif, cela ne servirait à rien. Faites-moi confiance, il vaut mieux qu'il reste.

Abattus, nous sommes.

Dans l'avion, Lulu nous a expliqué l'affaire. Ils avaient tout essayé, prévu tous les détails, tous les arguments et tous les cas de figure. Sauf un. Le plus important. Le plus incroyable aussi. Petit Louis, notre Petit Louis, le Petit Louis, il ne restait pas pour une femme. Il restait pour un homme.

– Putain, Petit Louis... de la targette ?

Dumbo est soufflé. Et nous, anéantis. C'est un vrai direct du droit qu'on vient de prendre sur le pif. Petit Louis homosexuel. C'est pas qu'on avait une dent contre le genre, mais on a beau être pour la libération des atomes, cela faisait toujours un choc. Tu m'étonnes qu'il devait souffrir, le gars.

– Je comprends mieux sa fidélité, maintenant, a dit Bouly.

– Tu te rends compte, a réfléchi la Tige, se révéler pédé au Brésil, dans la plus belle réserve mondiale de greluches. Quel gâchis...

– Je te signale, a coupé notre amoureuthologue troisième dame, que le Brésil est l'un des plus grands pourvoyeurs de travelos aussi...

– Tu vois, a dit Dingo, maintenant, quand j'y pense... avec

son appareil photo, dans les douches… c'était bizarre, quand même…

– Putain, s'est soudain souvenu Dumbo, quand je pense qu'il nous a massé les cuisses pendant des heures et des heures. Même qu'on lui demandait comment il pouvait aimer ça. Maintenant, on sait.

– Les gars, a conclu Lulu, je vous interdis de salir la mémoire de Petit Louis. Petit Louis est homosexuel, et puis voilà. C'est pas une maladie, et ça peut arriver à tout le monde.

– Personnellement, a commenté Gégé, je suis sceptique… mais bon, Lulu a raison, faut qu'on arrête avec Petit Louis. C'est quand même le mec le plus formidable qu'on n'ait jamais rencontré.

La leçon a cloué tout le monde sur le mur du silence.

L'avion fondait sur Paris. Sur nos réalités. La tournée, ce n'est qu'un vol de rêves bleus et d'illusions roses qui finissent toujours par se poser sur la terre. C'est l'attraction terrestre. C'est la pomme à Newton. C'est notre destin. Plus tard, il ne reste plus que des médailles et des reliques que l'on ressort pour les réunions d'anciens combattants.

Plus tard donc, la pomme de Newton est retombée. Lulu a remis la lettre de Petit Louis à Sarah. La pauvre. On n'a plus jamais eu de nouvelles de Petit Louis. Il nous a beaucoup manqué. Bobo a finalement craqué lui aussi. On n'épouse pas une femme que l'on n'aime pas. Françoise s'en remettra. Depuis, Bobo fait des allers-retours sur Buenos Aires. Maurice Toutdedroit a retrouvé Mme Riendetravers, en attendant de visiter de nouveaux musées en porte-jarretelles. Avec la Tige, on a toujours gardé le secret. Tarbouif a eu du mal à expliquer ce qu'il faisait cette nuit quand sa

Suzanne avait téléphoné dans sa chambre, et toutes les autres nuits. De toute manière, il allait se marier, alors dorénavant, il serait interdit de tournée. Il faut choisir, dans la vie. Lulu et Gégé ont remanié leur classement général des femmes du monde. La Brésilienne est passée devant l'Asiatique. Roco s'est remontré entreprenant dès la sortie de l'avion, avec une hôtesse au sol. Boris, pour sa première saison avec nous, a préféré vivre à l'hôtel. On se demande bien pourquoi. Kevin a très vite recommencé à nous énerver, avec ses histoires de dauphins et la Tige, mon Dieu la Tige ! La mauvaise surprise. Sa Coralie, celle qu'il aimait à grands coups de mensonges, celle dont Lulu finissait par croire qu'elle était ou aveugle, ou con, elle est partie. Pendant que la Tige tournait autour de tout ce qui bougeait en Argentine et au Brésil, Coralie était tombée dans les bras de Pierrot. Un joueur de la nationale B. Le choc. Elle lui a avoué au premier soir. Et la Tige, il a mis un an à s'en remettre. Lui faire ça, à lui, la Tige, avec ce pauvre con de Pierrot. Un mec de la nationale B. Un soir, après un match, il m'a dit :

– Tu te rends compte, c'est quand même bien des salopes, hein ?

Une tentative de pénalité,
c'est… trois points en suspension.

Un joueur qui court en travers
ne peut lire le jeu qu'en diagonale.

LE DESTIN DE BIBI

Étienne Birout, alias Bibi, pestait depuis le lever du soleil. Tout s'engageait mal. Il ne lui avait pourtant pas demandé la lune au bon Dieu. Juste une faveur, rien qu'une toute petite faveur de rien du tout. Car aujourd'hui, mon Dieu, aujourd'hui était un grand jour pour Bibi. Cet après-midi, sous la grande tribune, se tiendraient assis, impatients, partiaux, fiers, chauvins, sa mère, son père, la grand-mère Louise, le grand-père Arsène, Grand-Tati, l'oncle Joseph, la femme de l'oncle Joseph, son frère, sa sœur, le mari de sa sœur, les cousins, les cousines, et surtout Denise, sa fiancée. À lui, Bibi. Promise depuis l'enfance. Tous montés d'Auvergne pour le match, et surtout pour l'anniversaire de Bibi. Vingt-trois ans ce dimanche. Pile !

L'angoisse. Sa fiancée, sa famille, son anniversaire, le calvaire !... Être mauvais cet après-midi ?... impossible !... moyen ?... impossible !... Bibi se savait condamné à être bon. Mieux, être un héros, une légende !...

Voilà pourquoi la veille, Bibi s'était exceptionnellement rendu à l'église. Pour commander au Père Noël des adultes deux cadeaux : le soleil et la chance. Cette chance qui lui échappait depuis quatre dimanches. Et ce soleil sans lequel un match de rugby n'était pas tout à fait un match de rugby. Surtout pour lui. Comment un ailier pouvait-il briller dans la boue ? Impensable !... Alors, de grâce, le soleil !...

Eh bien, non ! Au lieu d'illuminer le ciel, d'ensoleiller sa fête et de réchauffer la ville, ce bon Dieu-là, Maréchal de l'Armée des Anges, Grand Manitou des Étoiles, chialait depuis l'aube. Là, derrière sa fenêtre, d'épaisses lianes d'eau reliaient le ciel et la terre.

Il pleuvait sur dimanche, dis donc.

« Tu parles d'un soleil, tu parles d'une chance !... » pestait encore Bibi devant ce spectacle. Le froid, la pluie, le vent, le trois-quarts aile Birout connaissait la musique ; ça promettait, tiens !

Plus tard, Bibi roulait. Le déjeuner d'avant-match était pour onze heures, mais il devait d'abord passer chez le président Pestonque. Ce dernier lui avait promis des billets pour toute la famille. Antoine Pestonque possédait le physique grande surface. Il l'accueillit les bras largement ouverts : « Alors, mon p'tit Bibi, la forme ? demanda-t-il en enchaînant sans attendre la réponse. Tiens, les voilà, tout est dans l'enveloppe... ils seront à côté de moi et je vais les recevoir comme il se doit... tu peux compter sur moi. »

Pour sûr qu'il allait les recevoir comme il se devait, pensa le père Pestonque. Une semaine qu'il attendait cela ! Il en avait rêvé. À peine Bibi lui eut-il confié la venue de sa famille que son cerveau fit tilt. Joseph Birout, nom de Dieu !... L'oncle de Bibi !... L'occasion en or ! Pensez, ce type représentait son ultime chance de redevenir ce notable d'antan, ce puissant Antoine Pestonque qui, jadis, imposait son règne à la ville. D'un côté, Antoine Pestonque ramait aujourd'hui pour vendre ses victuailles en conserve et, de l'autre, Joseph

Birout était le décideur commercial pour tous les hypermarchés de France. Alors, un simple ordre du second ferait redémarrer l'affaire du premier.

– Je vous dois quelque chose ? demanda Bibi par politesse.

– Tsstss !... Tu veux qu'on se fâche, mon p'tit Bibi ?... Tu nous fais un grand match... voilà ce que tu me dois !

Un bon match !... Bibi se sentit de nouveau prisonnier de son irréversible destin. Et très bon ! Mieux, héroïque ! Qu'on n'oublie jamais !

Au moment où Bibi partait de chez Pestonque, de l'autre côté de la ville, René jurait tout seul au volant de sa 4 L. Il attendait Dudu. René était d'une humeur exécrable. Il ne vit même pas Dudu sortir de la cage d'escalier et courir jusqu'à sa voiture.

– Ah ! enfin !... t'as vu l'heure ?

– Ça va, ça va...

René était l'entraîneur de l'équipe dans laquelle jouait Bibi. Et Dudu, le troisième ligne centre capitaine.

– T'as vu ce putain d'temps pourri ! jura René. Non mais t'as vu ça !... aujourd'hui, en plus... tu peux m'expliquer pourquoi, toi, hein ?

– Un calvaire, un vrai calvaire...

– Pire que ça, oui, bordel, pire que ça !

Pendant que Dudu cherchait ce qui pouvait être pire qu'un vrai calvaire, le bougon René tentait de percer cet épais rideau de flotte.

– Bon, faut que j'te dise un truc ! lâcha-t-il.

– Quoi ?

– Eh bien… si cette salope de pluie n'arrête pas de dégringoler de ce putain d'ciel, j'fous Bibi sur la touche !

– Quoi ?

– T'as bien entendu, mon pote !

– Mais…

– Écoute, Bibi, ça fait quatre dimanches qu'y fout pas un pied d'vant l'autre… en plus, Bibi, c'est un joker, mais surtout quand il fait beau, quand il a du champ et quand il a miraculeusement attrapé la gonfle… Pour le reste, et avec la peste qui tombe, Bibi, il est aussi inutile et dangereux que… que… qu'un feu de cheminée dans un bungalow de bambou à Tahiti…

Dudu apprécia la métaphore. Réné avait fait l'armée dans le Pacifique.

– Mais, tenta Dudu, t'es pas au courant ?

– Au courant de quoi ?

– Aujourd'hui, c'est son anniversaire, et y a toute sa famille qui est venue d'Auvergne pour le voir jouer.

René ne savait pas. Mais René s'en moquait. Ce qu'il savait de sûr, c'est que, si son équipe perdait, c'était la descente en troisième division.

– René, quand même, tu ne peux pas faire ça à Bibi. Pas aujourd'hui. Sois bon…

Sois bon, sois bon !… Il avait été bon avec lui, le père Pestonque, la veille, au téléphone ? Autoritaire, catégorique, menaçant, cruel : « Mon p'tit René, si on perd demain… Cuic !… limogé. »

– Écoute, Dudu, si ça pisse comme ça, c'est Lolo qui jouera à la place de Bibi, c'est tout !

Rien à foutre de la smala des Birout, pensa René. J'suis entraîneur de rugby, moi, pas assistante sociale… Pas envie d'être démissionné aux premières hirondelles, p… d'b… de m… !

René avait raison. Bibi, le plus rapide du club, avait déjà marqué les essais les plus insensés. Mais l'adresse, la défense sur l'homme, le courage sous les chandelles, tous ces fondamentaux ne rentraient pas vraiment dans sa colonne qualités. Vrai aussi que depuis quatre dimanches, il bégayait. Mais, d'un autre côté, comment lui faire ça, à Bibi ?

Étienne Birout, alias Bibi, venait de se garer tout près du Bergerac, le restaurant où avaient lieu tous les déjeuners d'avant-match. Il vit quelques joueurs s'y engouffrer ; il était onze heures. Les yeux rivés sur cette poisse qui s'abattait, les mains accrochées sur le volant, Bibi refusait de croire en ce coup du sort. Et si le président-directeur général du ciel n'avait pas encore entendu sa prière ? Et si là-haut, tout là-haut, l'administration des âmes était aussi mal organisée que celle des hommes ?… C'est pas le boulot qui devait manquer là-haut ! Alors, pas de panique, Bibi ! Pas de résignation prématurée. Après tout, le match ne débutait que dans quatre heures. Impossible que l'Aiguilleur des Destins lui fît pareille félonie. Pas à lui. Pas aujourd'hui. Denise retraversa sa pensée en un éclair. Ils étaient tous sur la route. Pour lui ! Il les verrait tout à l'heure, à l'Auberge des Quatre Chemins, restaurant de gastronomie régionale que lui avait recommandé le président Pestonque. Du coup, ce fut au tour de Pestonque de traverser l'esprit de Bibi. Généreux, le président, un grand homme, ça ! La 4 L de son entraîneur passa devant lui. Dudu était assis à côté de René. Inséparables, ces deux-là ! pensa-t-il. Il leur fit un grand salut de la main qu'ils lui rendirent. Il se sentit aimé.

Antoine Pestonque s'endimanchait en chantant. Lily, sa fidèle épouse, ajusta le nœud de cravate à son Toinou comme elle le faisait depuis trente ans.

Le costard aiguisé par la touche féminine, Pestonque appela à l'Auberge des Quatre Chemins :

– Allô, Garrigues ?... Pestonque à l'appareil !

– Salut !

– Bon, la réservation des vingt personnes de la famille de Bibi... euh... tu sais que c'est moi qui te les ai envoyées, hein ?

– Je sais, Antoine, je sais ! T'en fais pas, toute la ville le sait !

– Dis donc, t'énerve pas, Francis... moi, tu sais, je fais ça parce que tu es mon ami, voilà tout !... Bon, écoute, tu vas leur mettre deux bouteilles de champagne à tous, d'accord ?... De ma part, bien sûr !

– Bien, et tu vas les régler quand, hein ?

– Dis donc, Garrigues, j'ai toujours payé chez toi...

– Oui, Antoine, excepté les cinq dernières additions que tu me dois depuis six mois...

– Bon, je vois, monsieur s'est levé du mauvais pied, bien, bon, mais ce que je vois aussi, c'est que monsieur est fâché avec sa mémoire, hein ?... parce que, moi, je te dois peut-être un peu d'argent, mais toi, tu me dois tout, hein ?... et quand je dis tout, c'est pas rien, hein ?... si j'avais pas été là, y a dix ans, tu serais encore à mettre des lettres dans des boîtes, hein ?

– ...

– Bon, je vois qu'on est d'accord ! Alors, tu vas donc mettre deux bouteilles de champagne… tiens, trois même, et je te réglerai si tu es plus agréable, voilà !… Et n'oublie pas de leur dire que c'est de ma part, hein ?

Gonflé, ce Garrigues. Il avait la reconnaissance mesquine, l'ancien facteur.

Au Bergerac, on parla beaucoup de la pluie. La vicieuse, la garce, l'inattendue. Elle déjouait toutes les tactiques initialement prévues, elle confiait au hasard le résultat de ce match pourtant si important. Tous ici savaient. Une balle glissante, c'était l'assurance d'un jeu aussi étriqué que le score, et la possibilité de maladresses aussi inhabituelles que meurtrières. René ne se mêla point aux propos. Il ne discourrait qu'une fois dans les vestiaires. Si tous savaient pour la pluie, tous savaient aussi pour Bibi. Son anniversaire, sa famille, etc. Mais, comble de tout secret, comme tout le monde avait demandé à chacun de ne le répéter à personne, eh bien, personne ne se doutait que tout le monde savait. Alors, l'air de rien, chacun observait Bibi, lequel Bibi, lui, observait la grande baie vitrée du Bergerac, pour constater que le bon Dieu n'avait toujours pas diminué les doses. Sa thèse sur le centre de tri de la Grande Poste du ciel s'oxydait petit à petit. L'angoisse lui noua à nouveau l'estomac. Et ses coéquipiers qui ne parlaient que du match… que de cette pluie… Et s'il leur disait tout, tiens ! Oui, leur avouer, sa famille, son anniversaire, sa peur… Oui, ça le libérerait… En plus, s'ils savaient, ils l'aideraient, à coup sûr. Allez, Bibi, demander le silence et se soulager, se vider… Allez !… Oui, mais… peut-être cela s'empirerait-il ?… Oui, mais… non !

Ne rien dire. Jamais ! Tout garder pour soi. Se concentrer sur sa tâche... euh, non, pas sur le match, sur autre chose. C'est vrai, ça, il n'y avait pas que le rugby, dans le monde. Tiens, qu'avait-il fait cette semaine ?... Par exemple, lundi ? au fait, les billets !... où les avait-il mis déjà ? Bibi se leva brusquement, et alla fouiller dans son blouson. Ouf... ils étaient là !

René mit un coup de coude à Dudu.

– Non, mais regarde-le, putain d'bordel, y sait plus où il habite, Bibi !... Y m'fout la trouille, ce con !

Le trois-quarts aile Birout revint s'asseoir. Pas pour longtemps. Les aiguilles avaient tourné, une heure pile ! Il lui fallait aller à l'Auberge des Quatre Chemins afin de remettre l'enveloppe de billets. Bibi demanda l'autorisation de quitter la table, prétextant qu'il avait oublié ses chaussures de rugby.

L'aubaine, pensa René qui avait déjà son plan.

– Accordé, Bibi, dit-il... Et puis, comme tu habites tout près du stade, tu peux y aller directement, va, pas la peine de revenir par ici. À deux heures, dans les vestiaires, c'est tout ce que je te demande !

René attendit que Bibi eût claqué la porte pour se jeter discrètement sur Dudu. Même rengaine, même réquisitoire : pas de pitié, pas de Bibi cet après-midi ! Le match était trop important. Mais Dudu, dont la bonté ne se fanait jamais, proposa à René d'en parler aux autres. Après tout, eux aussi étaient concernés.

– Cela doit être une décision collective, plaida-t-il.

– Bon, se calma René, t'as peut-être raison...

L'entraîneur demanda le silence.

Dix minutes plus tard, il avait fini d'exposer son inquiétude et sa décision. Mais l'élan fut unanime. En accord avec leur capitaine. On ne pouvait faire ça à Bibi. Pas aujourd'hui.

– Ce serait assassin, René !... Assassin, dramatisa Trignon l'autre ailier.

Tous approuvèrent. Peut-être qu'à Bibi, sa famille, sa fiancée, tout ça allait le transcender... qui savait ?

– Bon, OK !... comprit René... vous êtes solidaires, bravo les gars ! C'est pour ça que j'vous aime... mais attention !... tout le monde sait ici que Bibi, sous les chandelles, avec cette salope de pluie, ça peut devenir un calvaire pour lui et donc pour vous, hein ?

Silence à table.

– Vous irez l'aider, hein ? continua-t-il.

Silence bis.

– Et puis, si en face ils s'aperçoivent qu'on a un Manchot-la Friscette, vous m'avez compris, ils vont nous l'arroser tout l'après-midi, hein !... et on peut perdre... et si on perd, on descend, hein ?... et si on descend, les standinges vont se faire raboter les miches !

Silence ter.

– Alors, si ces messieurs veulent jouer les Robin des bois, après tout...

René jouait sur une corde très sensible : l'avantage en nature. Apparemment, cela tiraillait les consciences.

– Y a qu'à voter ! proposa Trignon.

L'idée séduisit son monde. Le vote, c'était bien le moyen le plus démocratique qu'avait trouvé la société pour trancher. L'on s'organisa. Il fut convenu que ce vote se ferait à bulletins secrets. Que les remplaçants, jugés trop partiaux, n'en auraient pas le droit, et que chaque votant devrait obligatoirement trancher, ce qui éliminait d'office tout bulletin blanc. Le choix était réduit, « pour » ou « contre » Bibi. Cyrano, surnom inévitable du patron de ces lieux, fut appelé et mis au parfum. Idéal, Cyrano. Neutre, honnête, il déplierait les bulletins. On lui associa Mme Jeanne. Idéale, la femme de Cyrano. Si le Bergerac fleurissait prospère, c'était bien grâce à sa manière unilatérale de faire rentrer l'argent. Elle comptabiliserait les bulletins.

À l'Auberge des Quatre Chemins, le brouhaha des Birout avait fait échapper tous les habitués. Garrigues maudissait Pestonque. On en était au quarante-deuxième toss.

LA MÈRE. – Pour Bibi… hip ! hip ! hip !…

TOUS. – Houuuurraaa !

LA MÈRE. – Qui-c'est-le-plus-fort-le-plus-fort-c'est ?

TOUS. – Biiii-biiii !

Ces rafales d'encouragements avaient beau être d'origine affective, ils mettaient le jeune Birout mal à l'aise. Sa mère possédait un grand cœur, mais une grande gueule aussi. Bibi éprouvait malgré lui un sentiment de honte. Du coup, pour retrouver une certaine fierté familiale, il observa l'oncle Joseph. Un sacré bonhomme, ce type. C'est lui qui invitait tout le monde aujourd'hui. L'Auberge des Quatre Chemins était quand même le restaurant le plus cher de la région. L'oncle Joseph gagnait beaucoup d'argent mais avait toujours été très attentionné. À cette table, ils restaient lui et sa femme, les plus dignes de tous. Avec Denise, bien sûr.

– Dis, Bibi, cria soudain sa mère, tu me le présenteras, ce M. Pestonque… trois bouteilles de champagne pour nous accueillir… en voilà un qui sait vivre !

Bibi lui promit. Puis il sentit qu'il lui fallait fuir cette atmosphère qui le déconcentrait. Il quitta l'Auberge des Quatre Chemins sous les applaudissements. Dehors, le froid et les lianes d'eau lui rappelèrent sa dure mission. Il se sentit bien seul dans sa voiture. Seul dans la ville. Seul au monde presque. Enfin, seul avec la pluie de Satan. « Digne et fier, comme un Birout », lui avait dit sa mère tout à l'heure. Tu parles !

Le vote ne traîna pas. Les bulletins furent rassemblés dans la corbeille à pain. Cyrano, se sentant investi d'une haute mission, se mit debout et secoua l'urne de fortune comme si cela pouvait changer quelque chose au résultat final.

– Cyrano, arrêta René, abrège, bordel, c'est pas le tirage de la Coupe de France, putain !

Taclé en pleine mission, Cyrano se rassit, et défripa le premier morceau de papier.

– Pour, lança-t-il indifférent.

Mais la dame Jeanne n'était pas tout à fait prête. Elle traçait encore les colonnes. Appliquée, soigneuse, elle soulignait, elle émargeait, la dame Jeanne. En rouge, en vert, en noir… René virait aux mêmes couleurs. Mais il se contint. On ne disait rien à Mme Jeanne. Jamais rien. Oh, c'est pas qu'elle était aimée, mais elle savait tout, et sur tout le monde. Enfin, après d'interminables millièmes de seconde, elle cocha une croix rouge qu'elle souligna en bleu dans la colonne verte correspondant au « pour ». Cyrano déplia alors le second bulletin et, toujours d'un ton de boudeur sans saveur, lâcha la deuxième opinion : contre.

La conduite aveugle et désespérée de Bibi le conduisit par hasard devant l'église. Ici même où, la veille, il avait prié le Seigneur de lui offrir le soleil. L'église lui sembla soudain posée là, à même le sol, comme un hôtel de Monopoly. Bien sûr, il n'était que deux heures moins vingt-cinq ; bien sûr, le soleil pouvait se mettre à briller dès trois heures ; bien sûr, il ne fallait pas engager l'espoir dans une impasse, mais Bibi ne se sentit même plus la force de croire au miracle. Et, pourtant, il pensa au dernier baiser de Denise, tout à l'heure... ne pas la décevoir !

Denise pensée, l'église passée, Bibi continua de rouler, résigné. Tel un petit veau, il filait à l'abattoir. Il n'avait plus d'opinion sur rien. Lobotomisé, le Birout !... Mais, brusquement, un éclair jaillit du ciel, suivi d'un lointain roulement de tonnerre... Et ce qui aurait dû l'anéantir... le réveilla. Le tonnerre ! L'éclair ! La foudre !... mais bien sûr !... Bibi releva la tête, et, comme mû par une force extérieure, il arrêta sa voiture sur les bas-côtés de la chaussée. Le déclic. La conviction. Mieux, la révélation. Comment n'y avait-il pas pensé avant ? Quel idiot ! Il cogna du poing sur le volant. Tout était clair, maintenant. Il devait y aller. Tout de suite !... Bibi cogna encore sur son volant, heureux. Épaté même. Cette pluie, ce froid, cet éclair, ce tonnerre... et puis quoi encore ? la foudre ? le typhon ? la fin du monde ?... Tu penses, le jour même où il s'était livré à la Bonté Divine, le jour précis où le bon Dieu pouvait lui prouver son existence, ce jour-là donc, comme par hasard, il pleuvait. Mais on ne la lui faisait pas, à Bibi le Birout ! Il venait de tout piger, Bibi le Birout !... Ce temps, cette chienlit qui s'abattait sur dimanche... le jour de son anniversaire... c'était pas du hasard, ça, que non !... Un génie, ce Seigneur, ce

Dompteur de nuages. C'est lui qui avait ordonné cette colère atmosphérique. Le but ? Placer Bibi dans les pires conditions. Ainsi, si cet après-midi, dans l'extrême difficulté, il venait à faire un grand match, ce serait un exploit. Et donc, lui, Étienne Birout, alias Bibi, fils de Robert et de Jacqueline Birout, deviendrait un héros ! En fait, ce qu'il prenait jusqu'ici comme une trahison était un somptueux cadeau. Le bon Dieu lui offrait cette chance inouïe d'être un héros. Aller tout de suite dans les vestiaires, s'échauffer déjà, se concentrer ! Il fila au stade. Il courait vers son destin : héros. La grande légende était en route.

De l'autre côté de la ville, la démocratie avait donc tranché. Avec seulement deux bulletins en sa faveur et treize contre, Bibi ne jouerait pas cet après-midi. René soufflait, soulagé. Il jubilait d'avoir renversé la situation.

– Bon, c'est voté, Lolo, tu rentres à la place de Bibi !

– J'suis écœuré !... Ah, bravo les gars, belle solidarité !...

C'était Trignon. Il se leva brusquement et quitta le Bergerac, laissant derrière lui un lourd silence.

– Pauvre Bibi, coupa Dudu, s'il savait...

– Et si ça peut soulager vos mauvaises consciences, conclut René, je dirai à Bibi que c'est une décision personnelle... allez, filez, maintenant !

On eût dit que le coach avait donné un coup de pied dans une fourmilière. Les joueurs ne partaient pas, ils fuyaient.

Dans le restaurant, il ne resta plus que René et Dudu. La porte était ouverte. Sur le seuil, le ciel y livrait ses trombes d'eau.

– On y va, Dudu ?

– Attends-moi là deux minutes.

Dudu s'en alla s'alléger au fond du jardin. Pestonque fit son apparition. Il était rare de voir le président au Bergerac avant les matches. Pestonque prit son entraîneur par le bras :

– Alors, mon p'tit René, ça va rouler cet après-midi, hein ?... C'est important. L'un des matches les plus importants de l'histoire de ce club, hein ?

René rassura le président. Surtout qu'en plus, comme il ne ferait pas jouer Bibi, ils avaient réduit la marge d'erreur.

– Comment ?

– Eh bien... disons que Bibi, avec ce temps, on a pensé qu'il valait mieux le remplacer... voilà !

– Et tu l'as déjà dit à Bibi ?...

– Euh... non...

Pestonque poussa René sous l'escalier et chuchota :

– C'est pas bien du tout, ça !... Tu sais que c'est son anniversaire, que sa famille vient spécialement pour lui !

– Mais...

– Pas de mais, mon p'tit René !... la victoire, d'accord, mais on n'est pas des sauvages, dans ce club !

Puis, se collant à son oreille :

– Écoute-moi bien, René, si Bibi n'est pas sur le terrain à quinze heures, toi, tu seras au chômage à quinze heures une !... C'est clair ?

Très clair ! Tout s'écroulait.

Dans la voiture, René bouillait. Quel choix ! Si Bibi jouait, il prenait le risque de perdre et donc d'être limogé. Mais si Bibi ne jouait pas, il serait chômeur. Alors, René s'interrogea un instant sur la différence qui existait entre le limogeage et le chômage. Aucune, dans les deux cas, il aurait seulement beaucoup plus de temps pour aller à la pêche...

Mais, putain d'bordel de merde, pourquoi donc Pestonque protégeait-il soudainement Bibi ? Et comment allait-il tourner l'affaire à son avantage ? Parce que les autres n'allaient plus rien comprendre.

– Comment tu vas lui annoncer, à Bibi, qu'il ne joue pas ?

C'est que Dudu n'avait pas vu Pestonque entrer au Bergerac.

– ... Euh, je vais lui dire, t'en fais pas, je trouverai les mots qui faut...

Dudu en douta.

– Mais tu sais... ajouta René, je vais attendre jusqu'au dernier moment. Qui sait, s'il s'arrête de pleuvoir, et que le soleil brille, hein ?... ça s'rait dommage de se priver de Bibi, hein ?... Non, parce que, Bibi, sous cette pluie, c'est un calvaire, mais s'il fait beau... y a pas mieux, mon pote !... Une fusée, un joker !...

La pluie cognait sur le pare-brise, inlassable.

– René, on n'est pas à Lourdes, ici !

Justement, ils passèrent devant l'église. Et René pria qu'on le sorte de cette impasse. Une grande première pour ce croyant buissonnier qui se vantait toujours que l'église changeait de trottoir en le croisant.

Le président Pestonque avait décidé de boire le café à l'Auberge des Quatre Chemins, histoire de constater quel effet avait eu son geste champagnisé sur le cœur des Birout. Et spécialement sur celui de l'oncle Joseph. Pestonque se demandait comment il allait attaquer la chose. Lui, cet ancien pilier qui jadis attaquait les affaires comme il entrait en mêlée, au casque ! Il passa devant l'église, et oh, surprise, il se mit à prier. Lui, malgré son athéisme chronique. Ce fut plus fort que lui, ce fut la première fois.

– Mais où il est passé, ce con, bordel de merde ?...

Décidément, aujourd'hui, René passait par tous les états. Il était déjà quatorze heures vingt et Bibi avait disparu. Pourtant, ses affaires étaient étalées dans le coin de ses habitudes. La preuve que Bibi s'était déjà changé pour le match. Il se trouvait donc quelque part... par là... mais où ?...

René photographia la situation. Les joueurs attendaient qu'il expliquât à Bibi qu'on ne voulait pas de lui. René, lui, attendait Bibi pour le faire jouer coûte que coûte. Quant à la pluie, elle n'avait cessé de tomber, anéantissant tout espoir de miracle. Il avait connu des situations compliquées dans sa vie, mais là, il était servi...

– Bon, s'il ne vient pas, je ne vois qu'une solution, aller le chercher, bordel !

– Écoute René, expliqua Lolo, c'est mieux, comme ça, t'as même pas besoin de le lui dire... on y va et puis voilà !

Lolo s'impatientait aussi. C'est lui qui devait remplacer Bibi.

– ... Bien sûr, comme ça, s'il débarque sans rien dire à trois heures pile sur le terrain... en tenue... avec l'élastoplaste autour des oreilles... c'est toi qui vas le lui dire qu'il joue pas ?... Connot, va ! Pour l'instant, il a disparu et on ne sait pas ce qu'il nous réserve, ce con, avec sa famille... son anniversaire... j'sais plus moi !... Alors, il faut le trouver !

Les joueurs n'eurent même pas besoin de se lancer à sa recherche. La porte des vestiaires s'ouvrit et apparut alors

Bibi, dans un silence religieux. Birout semblait porter sur lui toute la misère du tiers-monde.

– Mais où tu étais ? demanda René.

Bibi ne répondit même pas. Il alla s'asseoir sans vie, presque pitoyable. Il était certes vêtu pour le match, mais cet air déconfit l'éloignait de l'image d'un rugbyman. Puis, lentement, il releva la tête et regarda son entraîneur :

– René, commença-t-il doucement, il faut que je te dise quelque chose… mais… mais… il ne faudra pas m'en vouloir, d'accord ?

« Ça y est, qu'est-ce qu'il va encore me tomber sur le crâne, putain ? » pensa René.

Bibi avoua pour sa famille, son anniversaire…

– Et alors, c'est pas grave, personne ne savait, ici !

– Euh… et alors… je… je… je ne veux pas jouer cet après-midi !

René ne bougea pas d'un poil. C'était comme si Bibi lui avait collé un coup de pioche en plein milieu du crâne. MAIS-QU'EST-CE-QUE-C'ÉTAIT-QUE-CE-BOR-DEL-DE-MERDE ?… sa fête, ou quoi ? D'abord, lui qui ne voulait pas que Bibi joue, et puis les autres qui voulaient que Bibi joue, et puis qui ne voulaient plus qu'il joue, et puis Pestonque qui voulait qu'il joue, et maintenant Bibi qui voulait plus… STOP !… Ça y est, il était en train d'attraper une maladie du genre étrange, inconnue, féroce, peut-être mortelle, ou qui rendait fou, tiens !… Oui, voilà, il devenait fou !… mais non… mais non, il ne devenait pas fou… il était entraîneur… et Bibi devait jouer sinon il se retrouvait au chômage !…

Les joueurs observaient René. Quelle chance, il avait. Au moment où il devait annoncer à Bibi qu'il ne jouerait pas, ce dernier ne voulait plus jouer de lui-même.

RENÉ. – Bibi… moi aussi, il faut que je te parle !…

BIBI. – …

LES AUTRES. – …

RENÉ. – Il faut que tu joues, Bibi !

BIBI. – … ?

LES AUTRES. – … ?

DUDU. – … ?

RENÉ. – On a besoin de toi, Bibi !… Hein les gars ?

LES AUTRES. – … Eueueuh !…

BIBI. – Écoute, c'est très gentil de me dire ça, mais…

RENÉ. – Y a pas de mais, Bibi, aujourd'hui, c'est trop important, tu comprends, et t'es notre joker Bibi, putain !… Hein les gars ?

LES AUTRES. – … Eh bien… c'est vrai Bibi !…

BIBI. – Oui mais, ma famille, tout ça… ça me fait peur aujourd'hui…

RENÉ. – Mais putain, Bibi, ça devrait te galvaniser, bordel, te transcender !

BIBI. – Oui, mais la pluie…

RENÉ. – Bibi, c'est pas trois gouttes de pluie qui vont t'arrêter, putain d'bordel ! Pas toi… hein, les gars ?…

LES AUTRES *(totalement perdus)*. – Eh non, pas toi Bibi !

Bibi n'en revint pas. Il se sentit aimé. Invincible, même. Alors il joua. Même sous la pluie. Devant sa famille. Le jour de son anniversaire. Bibi joua et devint d'ailleurs une légende. Bibi joua et plus personne ne pourra l'oublier, ni lui ni ce jour. René ne pourra plus oublier qu'il ne voulait pas qu'il joue. Dudu ne pourra plus oublier qu'il avait tout fait pour que Bibi jouât. Les autres n'oublieront jamais non plus qu'ils avaient pratiquement tous voté pour qu'il ne joue pas. Et enfin, le président Pestonque ne pourra pas oublier qu'il obligea René à faire jouer Bibi pour vendre ses petits pois. Plus personne ne pourra donc oublier Bibi, car ce jour-là, en plein match, en plein tonnerre, sous la pluie battante, au moment d'attraper son premier ballon, Bibi est mort. La foudre.

Ce match était pourtant si important.

La percussion est une attaque à main armée.

Pour un curé, jouer au rugby est le seul moyen
de se vider les couilles sans pécher.

EN TOUTE SUBJECTIVITÉ

Note à un pilier dont l'équipe a gagné d'un point à la dernière minute...

Baroutegasse : 7/10.

N'est sans doute pas pour rien dans le succès de son équipe. Et, si on ne l'a pas beaucoup vu, c'est qu'il a dû mettre le nez bien plus souvent qu'à son tour. Ce travailleur de l'ombre mériterait parfois bien des lauriers. Le bougre n'a pas laissé sa part aux chiens, d'ailleurs, les dix points de suture qui sillonnent son cuir pelé sont la preuve, si besoin en est, de l'engagement féroce qu'il a mis au combat. On le vit même en position de centre (48e). Malheureusement, il n'assura pas sa passe, mais comment lui en vouloir dans cette action folle et si longue. À son actif, entre autres, un excellent raid (74e) côté fermé, éteint prématurément par un manque insensé de soutien. En mêlée, il n'a certes pas avancé, mais il n'a pas reculé non plus. C'est bien là l'essentiel. Un match courageux.

Note au même pilier dont l'équipe a perdu le même match d'un point à la dernière minute...

Baroutegasse : 3/10.

À l'instar de ses coéquipiers, il n'a pu empêcher la défaite. Quelque peu noyé dans la masse, il est resté étrangement dans l'ombre tout l'après-midi. Excepté à deux occasions pas franchement à son avantage. On se demande bien ce qu'il faisait en position de centre (48e), surtout pour vendanger une action qui aurait pu se transformer en occasion d'essai. De même, on pourrait lui reprocher son raid (74e) en solitaire, le long de la touche, où il aurait été peut-être plus judicieux d'attendre le soutien au lieu de s'en isoler. Dans l'engagement, les dix points de suture qui sillonnent son crâne sont la preuve que, comme ses camarades, il fut dépassé par la pression physique de ses adversaires. En mêlée, s'il n'a pas reculé, on ne peut pas dire qu'il ait avancé non plus. Bref, un match à oublier.

Le drop-goal n'est que
l'éjaculation précoce de l'attaque.

LA BELLE HISTOIRE

Ce soir, Stan, l'entraîneur, doit donner l'équipe qui jouera la finale. Après l'échauffement. Ce sera ou Jeff, ou Mo. Tout le monde attend.

Le Bouclier de Brennus, trophée destiné au champion de France, c'est à cette époque la récompense suprême. Pour les joueurs bien sûr, et pour le club. Pour l'entraîneur aussi. Les Coupes d'Europe n'existent pas encore. Ni la Coupe du monde. Notre rugby n'est pas tout à fait un sport, il n'est qu'un jeu très simple qu'alimentent à tour de rôle deux traditions, le Tournoi des Cinq Nations, et le Championnat de France.

La finale, c'est le bonheur. Le Parc des Princes est plein. Rempli jusqu'à la gorge. Un col roulé. Et une grande écharpe de toutes les couleurs. Tous les joueurs en rêvent. Dans deux jours, on va serrer la main du président de la République.

Une finale, c'est un morceau de soie tout blanc. Il faut faire très attention, un contre et il se déchire. Un drop et il se tache.

Jusqu'ici, les finales, on les regardait devant le poste, assis et envieux. Dans deux jours, on sera tous « dans le poste », comme y disent ici. Debout et fiers.

La finale, c'est une consécration collective, et une jouissance individuelle. C'est toi qui vas jouer, c'est toi qui vas réaliser le rêve. Alors Mo, il en rêve bien sûr, mais Jeff aussi. L'un d'eux ne la jouera pas. Ce soir, ce sera ou Jeff, ou Mo. Pour la première finale de l'histoire du club. L'an passé, la même question n'aurait rencontré qu'une réponse célibataire : Mo. Mais, cette année, Stan et le président ont dit « oui » à Jeff, au mois de juin dernier. Cela sonnait si bien. Comment résister ? Jeff, arrière international, qui vient se relancer dans ton club après une grave blessure. Comment résister ? comment lui dire : « Non, Jeff !... on a déjà un joueur à ce poste... c'est Mo... il a fini meilleur marqueur d'essais cette saison... c'est un jeune qui monte... un espoir... peut-être un futur international... peut-être un futur Jeff ! »

Impossible !...

Une fois pourtant, Mo avait failli signer dans un autre club, attiré par un feu qui brillait non loin de là. Mais le président l'avait appelé personnellement. Il l'avait même invité à déjeuner :

– Mo !... C'est pas possible, tu ne peux pas nous faire ça !... Pas toi, le pur produit de l'école de rugby !...

C'est vrai. Question fidélité, y avait pas mieux que Mo. Il avait commencé en poussin. Ce n'était pas honnête de faire ce coup-là au club. Pas propre, comme on dit chez nous. L'esprit du rugby a ses règles. Enfin, le président, lui, ne s'est pas gêné cette année, pour salir cet esprit. Il a oublié de l'appeler, à Mo, pour lui dire qu'il allait déjeuner avec Jeff. Et ce pauvre con de toujours fidèle de Mo, il a ouvert le journal et il a vu la photo. Stan, Jeff et le président, une coupe de champagne à la main et un éclat de bonheur tout frais entre le nez et le menton. Ce jour-là, Mo, il a lu : « Le nouveau challenge de Jeff »... Tout le monde se félicitait de cette mutation. Jeff, ce brillant arrière international – vingt sélections, trente-quatre ans –, écarté du terrain depuis deux saisons à cause d'une grave blessure au genou, comptait bien redevenir le grand qu'il avait été. Il donnerait le meilleur de lui-même. Comme si Mo, lui, n'avait offert que le plus mauvais.

Le président avait même dit : « Je suis très heureux que Jeff vienne renforcer notre équipe ! » Mo avait relu plusieurs fois l'article pour voir si quelque chose lui aurait échappé, un message... son nom... la concurrence... rien !... il butait toujours sur ce mot : « renforcer » !...

La trahison, ce n'est pas un sentiment, c'est une douleur. Cela fait comme une flèche de fusil harpon qui traverse la poitrine et qu'on ne peut enlever à cause des tridents. Cela fait très mal, car souvent la flèche arrive par-derrière. Alors, souffrant, groggy, l'âme nouée par des fils de barbelés accrochés à l'estomac, tu tentes d'appeler ton président. Tu veux des explications, lui dire qu'il aurait pu te prévenir. Par politesse, par humanisme. Surtout que tu aurais pu muter pour un autre club. Maintenant, c'était trop tard. La date butoir autorisée par le règlement fédéral était dépassée.

Injoignable, le président, en rendez-vous à l'extérieur !...

Puis enfin :

– Ah, Mo, j'allais t'appeler !... ment-il... Écoute... euh... c'est pas moi qui l'ai recruté... c'est lui qui voulait venir... je ne pouvais pas refuser... pas un international...

Ils ont peut-être raison, Stan et le président, c'est difficile de refuser un international. Mais Mo, il a connu un club, à Toulon, où les recrutements se décidaient collectivement, la porte ouverte, et devant tout le monde. Et ils en ont refusé, des internationaux, eux. Ça ne les a pas empêchés de devenir champions de France, il y a deux ans.

Du coup, il se souvient de son ami Bouly. Lui aussi avait souffert. Il y a deux ans, Stan et le président avaient recruté Manu, un ailier international.

Attention, Manu, il est solide. Mais le meilleur ailier, pour Mo, c'est Bouly. Il virevolte, il a un crochet droit définitif et une folle allure. Bien sûr, en défense, il est fleuri d'inquiétudes. Parfois, on a l'impression qu'il gère un budget de placage à l'année, selon les enjeux. À l'entraînement, par exemple, il n'entame jamais ce budget. Qu'importe, Stan, il a eu tout de suite un faible pour Manu, la recrue. Sérieux en défense, appliqué en attaque. Pas du super, du diesel. Un entraîneur, ça ne résiste pas au diesel. Et puis, surtout, un entraîneur, ça a toujours un faible pour la recrue. C'est comme en amour, c'est l'amant, c'est nouveau. Alors, depuis deux ans, Bouly joue les bouche-trous. Malheureux, il se vengeait, à sa manière. Il avait collé une photo plastifiée de Stan et du président dans la cuvette de ses toilettes.

– Tu peux pas savoir le bonheur, il avait confié à Mo, un soir de désespoir.

À l'époque, Mo riait beaucoup quand il allait chez Bouly. Ils faisaient des paris. Le nez de Stan valait cinq cents balles. Mais, en fait, il était très malheureux de ne pas jouer, Bouly. Être remplaçant, c'est ne pas être. Ne pas avoir. C'était être avec sans être dedans. C'est être au milieu, sans être au centre. Surtout à notre époque, le remplaçant ne rentrait que sur blessure, et on n'avait le droit qu'à deux remplacements par match.

Personne ne se plaignait, il y a vingt ans, c'était pire encore.

Une équipe de rugby n'avait le droit à aucun remplacement. Tu faisais le déplacement, tu te changeais, t'échauffais avec les titulaires des fois que l'un d'entre eux ne se claque sur un étirement, ou en descendant du bus, et tu allais à la douche au coup d'envoi. C'était pire, ou mieux. Au moins, tu étais sûr qu'on n'allait pas te demander de sauver la France. À froid.

C'est comme cela que Jojo, un ancien pilier du club international, était devenu une légende. Il avait fini un Pays de Galles-France avec une fracture des côtes. Trente-cinq minutes de souffrance silencieuse pour l'équipe. Des mêlées sans broncher. C'était peut-être une autre époque, mais c'était sûrement celle où le rugby offrait la palette de ses plus jolies vertus. Il révélait l'homme à l'état brut.

Ce soir, ce sera ou Jeff, ou Mo. Stan a le choix, Mo, l'enfant chéri du club, ou Jeff, l'étranger. Pourtant, Stan, il va devoir choisir, ce soir, entre Mo, et Jeff. Entre le neuf ou l'ancien. Il y aura forcément un malheureux. Surtout qu'une finale, c'est rare. On n'y revient pas comme ça. Mo, ou Jeff ?... allez, Mo !... et puis non, Jeff !... En fait, Stan, il est comme tous les entraîneurs, il rêverait d'avoir un effectif aussi épais qu'un baobab. Plus ils ont d'effectif, plus la concurrence est vive, plus ils bandent, les coaches. Plus ils ont d'effectif, moins ils ont d'affectif. Le pouvoir. Sa hantise, à Stan : être obligé de composer. Tous les ans, il répète :

– Les gars, y a pas de titulaire, OK ?... personne n'est irremplaçable, OK ?...

C'est son théorème à Stan. On l'appelle le théorème de l'irremplaçabilité : « Tout joueur absent pendant les entraînements, ou en méforme, se verra plongé dans un corps visqueux baptisé la remise en question. »

Dans le fond, ça part plutôt d'un bon sentiment. Le problème, c'est que Stan a parfois bien du mal à l'appliquer. C'est que nous, on n'en est pas encore aux débuts du rugby professionnel, on est à la fin du rugby « amateur ». On travaille pratiquement tous dans l'équipe, ou on étudie. Et c'est pas avec dix mille francs au mieux par mois de dessous-de-table, primes de matches comprises, qu'on va prendre notre retraite à trente piges dans le Pacifique. Alors, la plupart du temps, il est bien obligé de composer, le Stan. Avec Gégé par exemple, notre deuxième ligne international. Il tient un restaurant en plein centre-ville. Alors, il n'est pas toujours là aux entraînements. Stan est furieux, mais il compose. On n'a pas mieux en touche. C'est qu'à cette époque la touche, c'était une bombe de fabrication artisanale qui pouvait exploser à tout moment dans l'allée centrale. L'ascenseur était interdit. Impossible d'aider un sauteur à cueillir la belle. On n'arrivait à sauter dans un alignement qu'à force de diplômes très particuliers. L'extension, certes, mais aussi le vice, le courage, l'inconscience, la résistance aux coups de coude dans les côtes, aux fourchettes dans les yeux, aux coups de pied dans les tibias, et à l'intimidation. Et, quand tu avais la chance de posséder un type qui arrivait, dans ce patchwork inhumain, à attraper la belle au vol, et à deux mains, c'était la perle rare. D'où le théorème à Gégé, vingt-cinq ballons par match captés proprement, et à deux mains, même sans entraînement, ça rend irremplaçable… Dans l'équipe, ils sont quelques-uns, comme ça. C'est la catégorie de ceux qui ne sont pas irremplaçables, mais qu'on a du mal à remplacer. Et plus les matches sont importants, plus il s'adapte, Stan. Parce que, quand même, il aime bien gagner. Le président aussi.

Y a des statuts, dans l'équipe. Primo, le titulaire. Rarement remis en cause, surtout s'il est international. Il faut vraiment qu'il en fasse beaucoup pour perdre sa place. La recrue. C'est la roulette russe pour un club. Car la recrue coûte souvent cher au club. Elle a tout négocié avant le premier match, l'appartement, le boulot, les repas, les voyages pour se ressourcer de là où il vient, parce que c'est dur de s'adapter là où il est, et même parfois, le boulot « à la copine ». Le probable. Il remet sa place en jeu toutes les semaines, en match. N'a surtout pas intérêt à se blesser trop longtemps. Doit plutôt opter pour des blessures légères. Le possible. Il ne joue que très rarement en première. À la différence du probable, il doit être excellent non seulement en match, mais aussi à l'entraînement. Il fait surtout les matches que personne ne veut jouer. À l'extérieur, en hiver, dans la boue, sous la pluie. Le reste du temps, il joue en équipe deux, appelée la nationale B. Derniers statuts, les impossibles et les improbables. Eux ne jouent en première qu'après un tremblement de terre ou une épidémie de choléra dans l'équipe. La différence entre les deux catégories, c'est que les impossibles le savent et que les improbables y croient encore. On n'a pas eu le courage de leur dire qu'ils étaient des futurs impossibles.

Mo était dans la catégorie des titulaires. Et Jeff, dans celle des recrues internationales.

–Y a pas mieux, avait dit Bouly. Ça, on peut dire que Stan et le président, ils t'ont fait un beau coup d'enculé !...

Du coup, Mo avait la curiosité aiguisée. Combien Jeff pouvait-il prendre par mois, avec ses airs de « je ne joue pas au rugby pour l'argent » ? L'argent, dans une équipe de rugby, ne vivait que par rumeurs. Personne n'avouait ce qu'il gagnait, mais personne ne demandait non plus. Trop peur des surprises, des vérités cachées et des hypocrisies. Les questions de pognon, ça se négociait à l'ombre. Chacun jardinait du mieux qu'il pouvait son petit potager. Outre le statut du joueur, c'était souvent la mentalité du jardinier et la qualité de son râteau qui prévalaient. Il y avait ceux qui savaient se vendre et ceux qui n'avaient jamais su. Attention, la méthode du râteau s'apprenait vite. La morale de l'histoire, avait confié Gégé, ne tenait qu'à un fil de funambule :

– Si tu demandes pas, t'as pas, mais si tu demandes trop, t'as plus rien !...

Pour Jeff, seule la rumeur avait couru. Quinze mille francs par mois. Le double de Mo. Il avait demandé au président la vérité, histoire de ne pas se sentir cocu par deux fois. Et ce dernier lui avait menti :

– Il prend la même chose que toi... on lui paie juste les voyages quand il retourne chez lui...

– Et pourquoi ce privilège ? Mo avait demandé.

– Écoute Mo, il est international... et en plus... il faut bien s'occuper d'un joueur qui émigre. Il n'est pas chez lui, ici. Il a laissé sa femme et ses gosses là-bas pour venir ici...

L'argument était choisi.

Il n'avait jamais voulu en savoir plus. Mo avait parlé à son meilleur ami, Petit Rico. C'était comme son frère. Ils jouaient ensemble depuis qu'ils étaient poussins. Aujourd'hui, ils jouaient moins souvent ensemble. Petit Rico, il s'accrochait, mais il était remplaçant neuf fois sur dix. Son problème, c'est qu'il avait le statut le plus rare dans une équipe de rugby. Il était polyvalent. Le pire. Tu peux jouer partout, mais tu ne joues jamais. « Petit Rico, lui disait pourtant le président, des mecs comme toi, c'est en or pour une équipe… » Petit Rico était le seul irremplaçable. Comme remplaçant.

Au début, cela mettait Mo en colère. Il implorait son ami de ne pas accepter ce destin de sardines en boîte, qu'on n'ouvrait qu'en cas de disette. Mais Petit Rico n'en voulait à personne. Il était heureux comme ça. Parfois, Mo l'enviait d'être ainsi, détaché. Question pognon, un soir, Petit Rico avait avoué à Mo : « Mille francs par mois ! » Ce n'était plus un avantage en nature, mais un désavantage. Mo avait honte, il en prenait sept fois plus. Mais il n'avait jamais eu le courage de lui dire.

De toute manière, l'argent, c'était important, mais pour jouer une finale on paierait.

Justement, ce soir, ce sera Jeff ou Mo. Et ce n'est pas l'argent qui décidera. C'est Stan, l'entraîneur. La finale, c'est dans deux jours. Contre Toulouse. Jeff ou Mo ?… Mo ou Jeff ?… Toute l'année, cela a été un chassé-croisé. Jeff, puis Mo, puis Jeff, puis Mo… Attention, pas toujours.

Au début de cette saison, Jeff avait joué tous les matches. C'est qu'un international, même « ex », ça bouleverse un entraîneur. Stan était béat d'admiration… « C'est bien, Jeff ! »… « bien vu, Jeff »… « bien défendu, Jeff ! »… Tout ce que Jeff faisait, c'était magnifique. Même quand il ouvrait la porte des vestiaires. Mo fut très vite excédé. Parfois, le soir, il imitait Stan avant de dormir : « Super-génial-top, Jeff !… comment t'as fait pour mettre tes chaussures à l'endroit, Jeff ? c'est incroyable… Non, Mo, c'est pas comme ça !… la chaussure droite, c'est fait pour le pied droit… Oh !

la, la, la, la… Jeff… magnifique, qu'est-ce que tu manges bien le jambon !… »

Même les journalistes ne parlaient que de Jeff. Son retour, sa blessure, son nouveau club, sa nouvelle vie, sa femme, ses gosses, sa voiture, son père, sa mère, sa maison, ses parfums, ses chiens, sa passion pour la pêche à la mouche, son dégoût pour les tueurs de phoques, ses émissions préférées, la moquette de sa salle de bains.

Tout, chez lui, agaçait Mo. Même les détails. Par exemple, Jeff courait chaque footing avec un petit sac à dos rempli de kilos. Mo prenait ça pour de la frime. Et puis Mo, il détestait qu'on dise l'international. Jeff ne l'était plus, il revenait de blessure et il avait trente-quatre ans.

À l'automne donc, Jeff avait joué les quatre premiers matches. Stan l'avait tout de suite aimé. Pas craintif sous les chandelles, un coup de pied de mammouth, un calme d'international. On ne comptait pas vingt sélections par hasard. Mo, lui, trouvait qu'il n'était plus tout à fait l'international d'antan. Qu'il se déplaçait lentement, et que, quand il rentrait dans la ligne, il n'amenait jamais le plus. Mais Mo sentait que Stan ne voyait qu'une chose, le coup de pied mammouth de Jeff. Aucun entraîneur ne résiste à un coup de pied mammouth qui traverse les hautes sphères pour trouver une touche dans les Indes occidentales.

Du coup, il avait oublié Mo. Mo et ses relances dans l'en-but, Mo et ses jambes, Mo et ses dix essais de l'an passé, Mo et sa fidélité, Mo et son culot, Mo et sa complicité avec Bobo, la Tige, et Caillou. Il n'y en avait plus que pour Jeff.

L'incontrôlable déprime. Le triste automne. À l'entraînement, le calvaire. Stan est un adepte de la technique de la casaque. C'est une épreuve plus psychologique que physique. Afin de différencier les joueurs pendant les matches d'entraînement, il y avait des casaques rouges et bleues. Les rouges, pour le quinze des heureux qui allaient jouer le dimanche en première. Les bleues, pour l'opposition. C'est-à-dire la nationale B. Et Stan, il était comme tous les entraîneurs, il entretenait un suspens qui n'existait pas. Il brouillait les pistes. Tu jouais à droite avec la casaque rouge, ensuite, tu faisais un quart d'heure à gauche, mais avec la casaque bleue, puis tu finissais avec la casaque rouge, mais au centre. Cela donnait parfois beaucoup d'espoir à certains, mais Stan, il mentait. Mo avait compris. Il faisait une moitié d'entraînement en rouge, et l'autre moitié en bleu. Mais, à la fin, il était toujours remplaçant. La déprime. Au début, Mo s'était accroché. Il montrait à Stan qu'il était toujours aussi fort. En vain, il n'y en avait que pour l'intouchable Jeff.

Lulu, seconde ligne avec Gégé, le consolait :

– Mo, faut pas s'inquiéter, la saison est longue !...

Lulu, c'était un probable. Mais un probable qui jouait toujours les matches importants. « Faut être patient, c'est tout ! » Lulu, il avait un théorème. C'est le théorème à Lulu : « Quand on divise l'impatience par le nombre de matches qui ne servent à rien et qu'on multiplie le résultat par le nombre d'années d'expérience duquel on soustrait les absences pour blessures, on obtient la véritable racine carrée du sportif, le jour J. »

Voilà, l'expérience, c'était ça !... être toujours prêt le jour J. Le jour C, le jour G, le jour Z, et tous les autres jours, cela ne servait qu'à préparer les jours J.

Ce qu'il ne disait pas, Lulu, c'est que les Gros avaient une autre approche de la concurrence entre eux. Par exemple, la dernière saison, le président et Stan avaient recruté un seconde ligne, international espoir. Bien sûr, l'idée d'un concurrent n'avait pas été de leur goût, disons. Lulu l'avait baptisé le Tout Neuf et ils avaient décidé de le tester. L'épreuve du feu, le terrain. Mais le Tout Neuf avait des arguments très coriaces. Il s'est même frictionné avec notre talonneur, le Dingue. Une preuve en matière de courage. Alors, sentant le danger, Lulu avait vu Gégé, l'international qui avait vu le coach :

– Stan, avait dit Gégé, le Tout Neuf, il est plutôt pas mal, je dirais même que, dans un proche avenir, je vois en lui une future star du rugby français, mais il est encore un poil tendre, tu vois...

Et comme Stan, il ne voyait pas très bien, Gégé avait détaillé :

– Écoute, Stan, j'vais pas t'faire un dessin. Le Tout Neuf, c'est pour les dépannages. Pour les gros matches, je veux Lulu, voilà... j'y peux rien, on s'emboîte bien, avec Lulu. C'est chimique...

Stan avait vite compris, si Lulu ne jouait pas, Gégé n'arriverait plus à sauter en touche. La ceinture de plomb, c'était chimique aussi.

Les Gros étaient ainsi faits. Solidaires. Les Gazelles, beaucoup moins. Solitaires. La différence, c'était que les Gros, quand ils nettoyaient la merde, ils étaient obligés de le faire ensemble, y avait qu'un sac pour huit. Les Gazelles, elles, poussaient plus facilement la crotte du pied chez le voisin.

Chez les Gros, la concurrence, ça resserrait. Chez les Gazelles, ça dispersait.

La première fois que Mo avait vu le numéro 15 sur le dos de Jeff, à Biarritz, pour le premier match de la saison, il avait eu un vrai choc. Ce maillot, il n'allait qu'à Mo. Il n'allait pas à Jeff. Ce maillot, Mo pensait bien qu'il avait une taille unique, la sienne. C'est ce jour-là qu'il s'était mis à véritablement haïr Jeff. Subitement.

– J'ai retenu ma haine, il avait dit à Petit Rico, le soir même… mais ça a éclaté brutalement en moi. Je me suis mis à le haïr contre mon propre gré… et tu sais pas le pire ?

– Non…

– J'ai souhaité qu'il se blesse… définitivement !

Petit Rico l'avait soutenu. Il lui avait expliqué que tout cela était un peu humain, à défaut d'être normal. Que lui aussi, il lui était arrivé de souhaiter du mal à un concurrent. Malgré lui, malgré la morale.

Jeff avait joué les quatre matches suivants. Mo restait donc sur le banc. Il avait fini par demander à Stan de lui donner sa chance. Alors Stan la lui avait offerte aussitôt, contre Dax. Et Mo avait joué. Pas mal. Comme l'an passé. Il avait même marqué un essai. En tout cas, il n'avait pas été moins bien que Jeff. Dans l'avion, Stan était venu le voir. Il ne lui dit rien sur son match. Il voulait juste lui proposer une affaire.

Chacun fait quatre matches. Ensuite, on prendra le meilleur.

Topé, le pari. Une semaine avec Jeff, une semaine avec Mo. Le partage équitable. Seulement Mo, il avait eu comme l'impression que Jeff, en se blessant légèrement une fois, avait changé l'ordre du chassé-croisé. Laissant à Mo les matches les plus glissants. À Montchanin, par exemple. Pour ceux qui ne connaissent pas, Montchanin, c'est l'enfer pour un arrière. Chandelles à gogo. Et puis les chandelles de notre époque, c'étaient des chandelles cuisinées aux p'tits oignons. Bouquet garni compris. La règle a bien changé aujourd'hui, quand je regarde un match. Un joueur peut crier « marque ! »

en sautant, les deux pieds en l'air. Et les défenseurs doivent attendre que le type soit redescendu sur terre pour le toucher. À notre époque, un joueur pouvait te décaniller les jambes avant même que tu ne trouves le sol. À Montchanin, les chandelles, tout le monde en raffolait. Les joueurs, les femmes des joueurs, les retraités, les anciens combattants et même les escargots de Bourgogne. C'est pas pour rien que Jeumont Schneider avait choisi la région pour installer son légendaire pilon géant. Attention, il n'y avait pas qu'à Montchanin que la chandelle était tressée au pied, à Toulon, à Nice, à Auch. C'était une philosophie, la chandelle. Elle montait longuement pour te laisser le temps de la réflexion... que fais-je là tout seul au milieu de l'océan ? où suis-je ?... pourquoi suis-je là ? pourquoi ai-je choisi le rugby ?... Elle montait longuement, mais elle redescendait très vite, que tu n'aies pas le temps de choisir une réponse. Elle s'abattait... Poum ! Intraitable. Elle servait d'épreuve. Elle testait la bravoure de l'arrière comme la pique celle du taureau. Si, par maladresse ou par peur, tu en ratais une, les gens d'en face t'en offraient une belle boîte de douze en suivant.

Et Mo, à Montchanin, il avait fait un match courageux, mais il avait raté deux chandelles. Sur l'une d'entre elles, on avait pris un essai. Et même si l'on avait gagné le match, même si Mo avait marqué un essai de soixante mètres, s'il avait trouvé des bonnes touches, ces deux chandelles ratées, Stan les avait sûrement inscrites en rouge sur son carnet de notes. D'ailleurs, au retour, dans le train, Stan ne lui avait rien dit. Personne ne lui avait rien dit. C'est que le fait majeur du match, c'était la blessure de notre troisième ligne centre, Tarbouif. Il était retombé sur la tête et les cervicales s'étaient fâchées. Il avait mal au crâne et au cou. Ça, c'était inquiétant. Une inquiétude confirmée le lendemain par le médecin du club, Tarbouif devait stopper net toute activité rugbystique pendant un an. Et peut-être définitivement. Les cervicales n'aimaient pas le rugby. Si tu les fâchais brutalement, elles pouvaient se venger, te bloquer toute la direction assistée. Le coup dur. Le moral de Tarbouif était abattu, perdu dans sa grande carcasse.

Mo comprenait le désarroi de Tarbouif, mais il se souciait plus de son chassé-croisé avec Jeff. Le seul avantage qu'il en tirait pour l'instant, c'était qu'à l'entraînement Mo ne se posait plus la question de savoir s'il allait jouer ou non, le dimanche. Une semaine, Mo était en rouge, l'autre semaine, il était en bleu.

Mais, en évitant Montchanin, Jeff avait du coup bouleversé le sens du chassé-croisé. Et Mo a eu la nette impression de ne pas y gagner au change. Car, du coup, Mo allait jouer tous les matches à l'extérieur. Ce qui n'arrangea pas les relations entre Jeff et lui. Au rugby, les notions de match à la maison et de match à l'extérieur étaient essentielles. On gagnait rarement chez les autres, aussi bien que l'on perdait rarement chez nous. La phrase la plus prononcée pendant les dimanches, dans les vestiaires, c'était : « On est chez nous ! » Ça voulait dire toutes les choses du monde. « On est chez nous ! », ça voulait dire qu'on ne pouvait pas s'échapper. Qu'on n'avait pas le droit de perdre. Qu'il nous était interdit de décevoir. Jouer « chez nous » signifiait jouer devant nos amis, notre famille et sur notre territoire. Bizarrement, j'y trouvais là l'une des vertus les plus romantiques du rugby. « Chez nous », on défendait nos femmes et nos enfants. De « chez nous », il fallait que l'envahisseur reparte vaincu, laminé, effrayé même. Pour toujours. On ne pouvait fonder toute la stratégie de la victoire sur le simple théorème du domicile, mais ce dernier faisait parfois des miracles. Par exemple, une « petite » équipe pouvait prendre cinquante points chez un gros bras bien musclé, et le défaire 6 à 3 au match retour, à domicile. Avec les mêmes joueurs, les mêmes équipes, les mêmes règles, les mêmes mensurations de terrain et les mêmes accessoires de rugby. Quoique, pour les accessoires, le rugby possédât une règle unique dans l'histoire du sport. Chaque équipe avait le droit de jouer une mi-temps avec son ballon. C'était tiré au sort, comme le toss. Ainsi, une équipe pouvait commencer avec son ballon et jouer la seconde mi-temps avec l'autre ballon. Et là, tout ce qui semblait n'être qu'un détail de match prenait les ailes de l'embrouille. Parce que le ballon de rugby est comme monsieur tout le monde, il vieillit. Et parfois, quand un Petit Poucet rencontrait un grand club qui jouait bien à la main, d'abord, on arrosait bien le terrain toute la semaine puis on allait chercher la grosse béchigue de l'école de rugby, ridée comme une vieille Niçoise, lourde comme une enclume, et glissante comme une savonnette. Une béchigue si tripotée qu'elle en était presque devenue ronde. Alors, en première mi-temps, avec ton beau ballon tout neuf, bien ovale, tout léger, tu ouvrais, tu jouais, tu flambais et, en seconde mi-temps, le match n'était plus qu'une réunion de forgerons. Les buteurs finissaient les pieds en sang, et les joueurs de piano, les mains cassées. Et le tout sous caution de l'arbitre. Car, quand tu faisais un tour de magie pour changer la balle avant une belle combinaison, il arrêtait le match, et il te priait de ressortir la béchigue du chapeau.

Bref, à domicile, Jeff avait toutes les chances de briller. À l'extérieur, Mo allait souffrir. Il semblait à Mo que la compétition était faussée. Il en voulait à Stan, il en voulait à Jeff. C'était irréversible. Mo et Jeff ne se parlaient plus. Ils se disaient à peine bonjour.

Chacun joua donc ses matches. Mo fit de bons matches, mais à chaque fois il faisait une erreur ou deux. Jeff, lui, enchaînait les siens avec expérience, sans avoir retrouvé le brio d'antan, mais ne commettait aucune faute. Mo voulait prouver et Jeff n'avait rien à prouver. Mo perdait confiance, et Jeff avait confiance. Un soir, Mo a parlé à Petit Rico :

– De toute façon, je vois bien, que cet enfoiré de Stan n'a d'yeux que pour Jeff !... t'as vu comment il lui parle à l'entraînement ?...

– T'as peut-être raison, lui disait son ami.

– Bien sûr que j'ai raison !... Jeff, il ne fait que les matches à la maison... que les matches où on domine !... il a quand même du cul, ce con...

– T'as qu'à en parler avec Stan... disait son ami.

– J'ai plus envie de parler avec Stan, c'est un connard !... Et Bobo, t'as vu les caviars qu'il lui file, à Jeff ?... en plus ce con de Bobo, il le fait briller avec des combinaisons que j'ai inventées.

– T'as qu'à en parler à Bobo, disait son ami.

– J'ai pas envie de parler à Bobo, lui aussi, c'est un connard... il m'a gueulé dessus à Dax, parce que j'avais pas trouvé une touche...

– T'as qu'à en parler au président !

– C'est un connard, lui aussi !... Quand je pense que j'ai refusé des ponts en or pour rester dans ce club de merde !... de toute manière, je vais me casser... et j'espère qu'ils retomberont en seconde division !... À genoux, ils viendront me rechercher...

Petit Rico n'avait rien dit. Il avait trouvé que Mo exagérait un peu, mais il le comprenait. Lui aussi souffrait de le voir ainsi, dans ce long tunnel noir. Mais il ne pouvait pas faire grand-chose, parler à Stan, peut-être. Ou au président. Ou carrément à Jeff.

On arrivait au terme du marché. Pour le match qui suivait, Mo était resté en casaque bleue toute la semaine. Et ce « connard » de Stan ne lui avait rien dit. Alors, Mo, il était allé voir Stan :

– Tu comptes faire quoi ?

– T'as vu tes tests physiques ? il lui a répondu.

– Pas vraiment moins bien que Jeff, non ?...

– Écoute, Mo, Jeff, il revient de blessure, il n'a pas joué depuis deux ans. Et il a trente-quatre piges. Toi, t'en as vingt-cinq, Mo, tu devrais péter le feu.

Mo était en colère, il se savait exactement au même niveau de forme physique que l'an passé, à la même période. Au même niveau de jeu aussi. D'ailleurs, l'an passé, il avait enchaîné des matches moyens et il se souvenait que Stan était venu lui parler, le conseiller, le materner. Là, rien. Il ne comprenait pas. Ou si, il comprenait, Stan l'avait lâché.

Mo n'avait pas joué la suite du Championnat. Ni avant la trêve de Noël, ni après. Il n'était même plus remplaçant. Il jouait en nationale B. Il n'y avait jamais joué de sa jeune carrière. Il en entendait parler, car son ami Petit Rico y faisait des tours régulièrement. Bouly aussi. Alors une terrible apathie s'était abattue sur Mo. Plus envie de s'entraîner. Plus envie de jouer. Plus envie d'être un rugbyman. Plus envie de rien. À en perdre son rugby. Finis les relances, la fantaisie, la joie, le culot et le talent. Tout était bloqué dans la boîte à blues. Parce que la nationale B, c'était dur. Tous ces improbables, tous ces impossibles qu'il croisait depuis toujours sans jamais bien les connaître. Tous ces types qui partaient à six heures du matin, le dimanche, en bus, qui mangeaient des sandwiches fripés au jambon sur les aires d'autoroute avec un air joyeux, qui prenaient des coups dans la boue et qui rentraient dans la nuit. Pour pas un centime. Et tous ces dirigeants complètement bénévoles, qui payaient de leur poche quelques packs de bière, ou qui tapaient dans leurs réserves personnelles quelques bouteilles de bordeaux pour que les troisièmes mi-temps soient plus gaies que le chauffeur du car. Bref, tout ça, il n'avait jamais connu. Pourtant Mo, il jouait dans le même club qu'eux.

Pendant ce temps, l'équipe première brillait. Elle était bien partie pour se qualifier. Direction les huitièmes de finale. Et Jeff s'améliorait au fil des matches. Mo bouillait. Il souffrait de ne pas y être. Il souffrait de voir ses amis partir en première et lui, aller en B. Il souffrait car le temps passant, même ses anciens coéquipiers ne lui parlaient plus guère. Un dimanche soir, de retour d'un match en nationale B à Saint-Claude, où cela ne s'était pas très bien passé, ni pour lui ni pour l'équipe, Mo se sentit définitivement abandonné de tous. Même de Petit Rico qu'il trouvait plutôt distant ces derniers temps. Mo se disait que l'amitié tenait à peu de chose.

– Dis-moi, Mo, lui demanda Petit Rico alors qu'il le raccompagnait chez lui, t'as pas été très bon, aujourd'hui ?

– Tu te fous de ma gueule ou quoi ?... qu'est-ce que tu veux briller avec la B... y en a pas un qui entrave le rugby... tu veux relancer, ils sont tous déjà placés pour la touche...

Petit Rico se tut.

– Dis donc, relança Mo, c'est toujours comme ça la B, les coups de scie sur tous les mecs de la première ?

– Non, parfois, ils parlent de toi aussi !

– Ah ?

Le ton de Mo avait changé.

– Et tu sais ce qu'ils disaient avant de te connaître ?...

– Non ?

– Que tu n'étais qu'un petit con de flambeur, et que tu ne leur disais jamais bonjour !... et aujourd'hui qu'ils te connaissent, ils en sont sûrs !

Mo s'attendait à tout sauf à ça. C'est dire si la chose lui avait échappé.

– Et pourquoi tu ne me l'as jamais dit, Petit Rico ?...

– Non mais, qu'est-ce que tu crois, Mo !... qu'on salue un mec de la B pour lui faire plaisir, pour faire du social ?... non, Mo, on dit bonjour à un mec de la B parce que c'est un mec normal, Mo !... comme toi et moi, aussi passionné de rugby que toi et moi !... C'est tout. Tiens, tu sais pourquoi ils aiment Gégé et Lulu ?

– ... ?

– Parce qu'ils font attention à eux... Et puis, quand ils vont en B, de retour de blessure, ils jouent le jeu. Lulu, il distribue trois marmites et il paie son canon. Gégé, lui, il a toujours refusé d'être le capitaine de la B... lui, l'international capitaine de l'équipe une. Ça, c'est la classe, pour eux.

– Mais quand même, Petit Rico, tu aurais dû me le dire.

– Tu n'aurais pas compris... tu m'aurais dit : « C'est des cons, ce sont des frustrés... » Il faut le vivre, ça, pour le comprendre... Toi, t'es dans ton monde, Mo. Le monde où tous les lundis, t'as ton nom dans le journal. Où tous les mois de juin, vous partez en tournée, en Argentine, en Nouvelle-Zélande... Où, quand il te manque un crampon, Jojo court dans son atelier pour te le changer. Une fois, il te l'a lacée, ta chaussure, tellement t'étais stressé. Tu t'en es même pas rendu compte que c'était Jojo qui te laçait les chaussures. Jojo, la légende, le type qui avait vaincu les Gallois avec une côte cassée... la France lui avait dit merci, à Jojo. Toi, Mo, tu ne l'as même pas regardé...

Mo avait oublié.

– Mo... eux, les frustrés, ils paient leur essence pour aller à l'entraînement... ils paient leurs chaussures, ils paient leurs canons... et tu sais pourquoi eux, ils sont dans leur monde et toi dans le tien, Mo ?

Mo n'osait plus rien dire.

– Pour trois centimètres de moins que Lulu. Pour cinq kilos de plus que Gros Ber ou pour deux secondes de plus au cent mètres que toi. Parce que le reste, jouer au rugby, ils sont plusieurs à savoir le faire aussi bien qu'en première...

– Excuse, Petit Rico... je ne voulais pas dire ça... je...

– Ta gueule, Mo !... écoute-moi... Regarde-toi... tu t'es vu aller au rendez-vous de la B en traînant tes savates ?... tu t'es vu enfiler leur maillot 15 avec la gueule du mec qui n'a pas envie de jouer ?... tu t'es vu jouer ?... toi tu souffres parce que tu ne joues pas en première avec le numéro 15 dans le dos... mais il y en a un autre qui souffre... c'est Nico, celui qui joue à ta place, normalement... et lui, parce que tu es redescendu en B, il se retrouve remplaçant... comme toi... je suis sûr que tu ne sais même pas à quoi il ressemble, hein ?...

– Attends, tu déconnes ou quoi ?... j'vois très bien qui c'est...

– J'te parle pas de sa tronche, Mo, je te parle de l'intérieur... tu ne sais pas qui il est... t'as jamais parlé avec lui, tu sais pas où il est né, tu sais pas ce qu'il fait dans la vie, tu sais même pas où il crèche... tu ne lui as jamais dit, viens, on va s'échauffer ensemble... tu ne lui as jamais donné un conseil... mais Mo, faut pas croire, il est comme toi... il a envie de jouer, et il ne comprend pas !... il te regarde, Mo, comme toi tu regardes Jeff. Il n'y a pas que toi qui souffres, Mo. Son maillot, celui que tu as pris sans avoir un mot pour lui, il vaut autant que le tien, Mo... Sauf que lui, il te comprend... il t'admire encore, ce con de Nico... pourtant il souffre, je peux te dire !... Vous avez un point commun, tous les deux, vous recherchez de la considération, du respect, de la dignité. Sauf que toi, en ce moment, tu ne la mérites pas ! Lui, si !...

Petit Rico n'avait jamais parlé ainsi à Mo.

– Tu hais Jeff, mais tu le hais mal... qu'est-ce qu'il t'a fait... vas-y... j'attends !

Mo n'avait rien à dire.

– Eh oui, tu le hais très mal... c'est lui qui est venu te voir la première fois... il t'a tendu la main, tu lui as offert une poignée de doigts prétentieux... tu es qui, Mo, pour snober Jeff, international, vingt sélections ?... même ex... même vieillard... Il a joué les plus grands, Mo, et toi, tout ce que tu as fait, c'est de jouer au plus grand... voilà !... au lieu de profiter de sa présence, de son expérience, d'apprendre... non, monsieur ne pense qu'à sa gueule, qu'à sa petite place de merde... qu'à son petit maillot numéro 15 !... mais, Mo, réveille tes neurones, ce maillot, il ne t'appartient pas !...

Ce club, il existe depuis cent ans, et des mecs qui ont porté ton maillot avant toi, y en a eu une cinquantaine… des plus nuls, mais aussi des meilleurs que toi, des plus petits et des plus grands, des moins intelligents et des grosses têtes, des ouvriers, et des médecins, des beaux, des laids… une cinquantaine ils sont, à avoir porté ton maillot à ton poste, Mo !… tu t'es vu, le soir où Tarbouif pleurait comme un minot parce qu'il n'allait peut-être plus jouer au rugby ?… tu t'es vu ?… rien, pas une émotion… tu m'as dit juste après… « Petit Rico, ces putains de journalistes… ils ont encore encensé ce con de Jeff !… » Est-ce que tu l'as appelé une fois, Tarbouif, depuis un mois, hein ?…

Mo avait baissé sa garde, il encaissait assis dans la voiture. En silence. Déjà K.-O.

– Et si tu veux te casser, Mo, eh bien, casse-toi ailleurs… va voir les autres… va leur demander quinze mille francs par mois… va flamber chez eux… mais n'oublie pas une chose… si tu pars, c'est que tu te seras échappé… c'est tout… que tu n'auras pas relevé la tête… le défi… si on joue au rugby, Mo, c'est pas pour être, Mo, c'est pas pour avoir non plus… c'est pour devenir !… si tu n'as pas compris ça, Mo, c'est pas de club qu'il faut que tu changes, c'est de sport…

Petit Rico avait presque la larme à l'œil.

– Faut que tu t'accroches Mo !… faut que tu t'entraînes plus encore, que tu coures tous les jours, que t'arrêtes de te lamenter… de pleurer sur ton sort… Tu vois Nico, eh bien, tu vas commencer par lui montrer que tu mérites son admiration… et la mienne, parce que tu l'as perdue. Et si ça continue, tu vas tout perdre… Crois-moi, Mo, tu pourras raconter partout si tu veux que Stan t'a cassé ta carrière, que tu n'as pas eu de chance… à tout le monde si tu veux, mais pas à moi. Si demain, tu jouais en première, tu serais catastrophique... tu te fous de sa gueule, à Jeff, avec son sac à dos, mais Jeff, il s'est farci deux opérations au genou et deux ans de rééducation... et ça, tu ne sais même pas ce que c'est, le pire que tu aies eu, Mo, c'est six points de suture au crâne... Faut t'accrocher Mo !... ne rien regretter !... tu vas mettre la gomme. Dès demain !... tu sais, Mo, ne te crois pas libre parce que tu as du talent. Au contraire, c'est moi qui suis libre. Car moi, je n'ai aucun talent. Tout le monde me croit emprisonné dans mon labeur et dans ma sueur, mais je suis libre car personne n'attend rien de moi... je suis libre, moi. Pas toi, Mo. Toi, tu n'es pas libre, car tu n'as pas le droit de décevoir. Ni toi ni les autres. Tu ne seras libre que lorsque tu auras tout donné à ton talent. Alors, tu vas lui montrer à ce con de Stan que t'as une paire de couilles en béton avec une vraie bite au milieu. Pas une tige en pâte à modeler... Parce que ta chance, tu vas l'avoir, Mo... mais attention, ce jour-là, il ne faudra pas la rater... faudra que t'éclates tout le monde. Pas que du Mo comme avant, non, du Mo supérieur, du Mo qui explose au nez de Stan, du Mo à l'ancienne mélangé avec du nouveau Mo... du vrai Mo !...

Mo avait mis deux jours à s'en remettre. Puis, un matin, il se leva, et il alla courir. Puis, les autres matins. Des cent mètres, des deux cents mètres, des dix mètres, des sauts, des plongeons. Puis des coups de pied aussi, des drops, des réceptions de chandelles. Petit Rico lui donnait la réplique. Il lui renvoyait la balle. De temps à autre, ils allaient à la salle de musculation. Et Mo, il poussait la fonte, et Petit Rico, il comptait. Et, quand Mo n'en pouvait plus, Petit Rico lui en demandait une dernière. Pour lui, pour leur amitié.

– Crie, putain, lâche-toi ! lui disait Petit Rico.

Et Mo, à chaque fois qu'il montait une barre en souffrant, criait : « Une pour Stan !... Et une pour Jeff ! » et Petit Rico lui disait : « Voilà, ça c'est de la vraie haine ! »

Au fil des dimanches, Mo retrouvait son jeu. Sa fantaisie, ses relances, son culot. C'est-à-dire, de l'ancien Mo. Mais avec plus de jambes, plus d'intensité, plus de rigueur, et plus de hargne. Du nouveau Mo. En B, il n'avait pas hésité à payer son canon, à organiser le jeu des lignes d'arrières, à donner plus qu'il ne recevait, à parler de tactique dans le bus, à donner des conseils à Nico. Il s'arrangeait même souvent pour être remplacé dans le dernier quart d'heure quand il savait le match gagné. Il avait appris plein de choses sur lui. Dis donc, le môme Nico était en DEA de lettres. À vingt-cinq ans. Fallait un drôle de courage pour jouer au rugby et en être à ce niveau d'études. Il le savait Mo, lui qui tentait, au même âge, d'obtenir une licence en droit. Pendant ce temps, l'équipe première s'était qualifiée pour les huitièmes de finale. Et comme une paire de boules d'amertume naquit sous la glotte, Mo pensa très fort à Tarbouif qu'il appelait régulièrement d'ailleurs. Mo retrouvant son talent et se rapprochant du nouveau Mo, la nationale B se qualifia aussi pour les phases finales. Stan avait recommencé à lui parler. Mais Mo avait du mal à communiquer avec lui. Avec Jeff aussi, jusqu'au soir où ce dernier était venu le féliciter :

– T'as fait un superbe entraînement, Mo !

Il s'était senti idiot.

La première avait gagné son huitième de finale. Contre Pau. Et Jeff avait sorti un grand match. Mo l'avait lu dans la presse car, lui, jouait un seizième de finale avec l'équipe B. Avec succès d'ailleurs. Puis, soudain, sa chance !

Celle que Petit Rico lui avait prédite. Celle qu'il attendait, car dorénavant il se sentait prêt. Il se sentait fort. Jeff s'était légèrement blessé à la cheville la veille du quart de finale. Stan avait appelé Mo en urgence. Il allait jouer. Contre Agen. Il n'en revenait pas, Mo. Le premier quart de finale de sa carrière. Et Mo s'était retrouvé avec la casaque rouge, puis avec le maillot 15. C'était la même équipe qu'il avait connue, le même monde, le même entraîneur, les mêmes gestes, les mêmes regards. Pourtant, quelque chose avait changé. Quelque chose d'essentiel. Lui. Son regard, son odorat, son âme. Il avait oublié ce silence, pendant le discours d'avant-match, quand on n'entend plus que le tintement des petites cuillères tourner dans les tasses vides. Il avait oublié l'odeur du camphre, le toucher du ballon. En fait, il ne les avait pas oubliés, il ne les avait jamais remarqués. Dommage que Petit Rico fût en B. Il aurait adoré. Le soir, d'ailleurs, Bouly avait dit à Petit Rico :

– T'aurais vu ça !... Mo a été exceptionnel !... je peux te dire que Stan, il est dans la merde, maintenant !...

C'est vrai que Mo avait été exceptionnel. Deux essais, un drop sur une récupération et trois chandelles meurtrières maîtrisées. Des coups de pied mammouth, et pour finir, à la dernière minute, un placage décisif sur la ligne. Un match parfait. Du nouveau Mo, du vrai Mo. Et l'équipe avait gagné. Tout le monde l'avait embrassé. Et Jeff, qui avait fait le déplacement, l'avait félicité. Dans l'avion, Stan ne lui avait dit qu'une seule chose :

– Mo, je suis fier de toi... tu as été formidable !

Mo n'avait jamais été aussi heureux de sa carrière. Il se taisait, il regardait, il revivait. La semaine suivante, Jeff était revenu de sa blessure. Alors Stan avait expliqué à Mo que Jeff allait jouer.

– Mais j'ai besoin de toi, s'il se blesse… tu restes dans le groupe !

Mo serait remplaçant. Mo était déçu, mais il comprenait. C'était une demi-finale, pourtant, et peut-être le dernier match de la saison en cas de défaite, mais tant pis.

Cette fois, en demi, c'est Jeff qui sauva l'équipe. Un drop des quarante mètres en coin à la dernière minute. Un jour historique. Le club allait jouer sa première finale du Championnat de France. Tous les joueurs avaient embrassé Jeff. Et Mo, il était allé le féliciter. Et comme la B avait gagné son quart de finale, la fête fut longue et belle. Tarbouif avait chialé toute la nuit.

C'est pour cela que Stan est dans l'embarras, ce soir pour choisir entre Jeff et Mo. La finale est dans deux jours. Mo et Petit Rico sont arrivés à l'entraînement. Les journalistes aussi. À l'affût. Mo, ou Jeff ? Je viens de voir Dumbo. Justement, il cherche partout l'un des journalistes. Parce que Dumbo, qui a joué la demi-finale à la place de Gros Ber, blessé, n'est pas content du tout. Le journaliste a écrit dans son journal que Dumbo n'avait pas tenu en mêlée. Qu'il avait subi tout l'après-midi. Il est fou, Dumbo.

– Qu'est-ce qu'il y connaît, ce con, en mêlée ? il m'a dit.

Il a raison, Dumbo. S'il y a bien un poste qu'ils ne peuvent juger, les journalistes, c'est celui de pilier. On devrait toujours leur mettre 15 sur 20 d'entrée. Sans considérer la performance. Comme ça, un don. Parce que la performance, en mêlée, ce n'est pas d'avancer ou de plier son adversaire, la performance, c'est d'y aller. De rentrer casque contre casque, sans aucune protection, sans aucune garantie de survie. La performance, c'est de faire une moyenne de vingt-cinq mêlées par match, additionnées aux cinquante hebdomadaires de l'entraînement, et multipliées par les années. Un millier de mêlées ! Ça, c'est de la performance.

– Laisse tomber, je lui ai dit. Tu sais, toi tu t'amuses, eux, ils travaillent...

Ce soir, ce sera Mo ou Jeff. L'enfant du club ou l'international. Les deux sauveurs. Sans Jeff, l'équipe ne serait pas en finale, mais sans Mo, elle n'aurait pas joué la demi. Je suis là, je suis seul. Moi, Stan, l'entraîneur. À droite, il y a Mo, et à gauche, il y a Jeff ! Je suis d'autant plus dans l'embarras qu'après la demi-finale Jeff m'a confié son désir d'arrêter sa carrière. Mo, ou Jeff ?... Mo, pour la médaille de la jeunesse, ou Jeff pour le cadeau de retraite ?... je viens de croiser Lulu. Il n'est pas trop serein. Oh, non qu'il s'inquiète de jouer, il sait que Gégé et lui, ce sont mes préférés. Ils s'emboîtent, c'est chimique !... Non, il pense déjà à sa revanche. Lulu, il a fait une drôle de toile, pendant la demi-finale. À un mètre de notre en-but, il a crié « j'ai ! » sur un ballon haut et chaud. Le genre de truc qu'un seconde barre s'abstient toujours de dire. Que Lulu n'a jamais fait. Total, tout le monde s'est écarté, même ses bras... et, hop, essai pour eux... à trois minutes de la fin du match. Alors qu'on menait. Après, Lulu a prétexté avec humour qu'en fait il voulait dire « Gégé » et qu'il était resté coincé à la première syllabe. Heureusement que Jeff nous a planté ce drop. On a gagné d'un point, ce jour historique. Voilà à quoi ça tient tout cela. Nous, on riait, eux, ils pleuraient. Pour un point. Si un jour je devais définir ce qu'est un jour historique, je dirais que c'est un jour qui ne tient qu'à un point. Bien sûr, on lui a pardonné, à Lulu. Mais pas lui, il s'en veut encore. Je sais que cette finale sera la sienne. Il va exploser. Cette semaine, pas un joueur n'a voulu s'engager. Pas un joueur n'a voulu plaquer. La peur. Mourir là, à deux mètres de la libération, après avoir survécu au débarquement, y a pas plus con ! Quand tu joues une finale, tu fais même attention quand tu dors. Des fois que tout s'écroule !

Le bureau des dirigeants est lui aussi en effervescence. Maurice compte les sous, et Jojo, les maillots. Distribution de tickets, les invitations, les notables, les sponsors, les anciens amis, les nouveaux amis, les futurs amis, les amis en carton et en dernier, bien sûr, les vrais amis, ceux qui sont en dur…

Moi, je suis dans les vestiaires, seul. Un entraîneur est toujours seul. Surtout quand il s'agit de choisir. Le président, mon ami Roger, m'a appelé pour quelques détails. Puis il m'a demandé :

– Bon, t'as choisi, Stan ?

– Pas vraiment, Roger !

– T'as qu'à mettre Jeff à l'arrière et Mo à l'aile…

– Je ne peux pas faire ça à la Tige…

– En tout cas, Stan, t'avais raison pour Mo. Ça l'a transformé.

C'est vrai. Mo, jusqu'à maintenant, c'était l'enfant chéri du club. Le gosse doué et gâté. Celui qu'il ne fallait pas égratigner, pas gâcher. Mais personne ne sentait ce que moi je respirais. Que Mo, c'était un gosse plein d'avenir. Un môme au potentiel énorme. Il puait la classe. Il était juste un peu léger. Content de lui. Satisfait de son sort. Un de ces joueurs qui croient que le talent à l'état brut pousse comme les chênes. Mo, il manquait d'épaisseur. Il lui fallait une épreuve.

Une remise en question. Mo, je le connaissais parfaitement. Mo, c'était moi, il y a vingt ans. Et Mo, je ne voulais pas qu'il devienne ce que j'étais devenu. Un bon joueur qui vivotait sur le champ vert. Toujours mieux que les autres, mais jamais parfait. Toujours plus vite, mais jamais rapide. Bref, un beau gâchis. À l'époque, j'avais mon Petit Rico à moi aussi. Justement, mon ami Roger, le président. Au départ, un joueur moyen. Tout juste athlétique. Mais lui, Roger, tous les matins, il partait courir. Et, pendant que je sortais, il s'entraînait. Pendant que je riais, il suait. Bref, pendant que je séduisais, il convainquait. Roger avait fait une carrière internationale exemplaire.

Voilà pourquoi, quand Roger m'avait appelé, l'an passé parce que Jeff voulait signer chez nous, je n'avais pas hésité.

– Oui, Roger !

Roger n'était pas d'accord du tout.

– On va se filer le bordel, il m'avait dit. Mo, il ne va pas comprendre…

– Écoute, Roger, si tout va bien… Mo, il nous remerciera dans quelques années…

J'y croyais plus, à la réaction de Mo. Même Petit Rico m'en voulait. Il a fallu qu'on parle tous les deux. Que lui aussi comprenne. Tout le monde ne comprend pas. Bouly, je le sens bien, il me déteste. Un entraîneur, c'est ça aussi.

Il a beaucoup de conseillers. Dans le staff des dirigeants, dans l'équipe, et même dans tous les bars de la ville. Mais il est seul. Mo ou Jeff, Jeff ou Mo. Ce n'est pas pour le match que je suis inquiet. Je sais que l'un ou l'autre sera très fort. C'est pour les hommes. Je ne suis pas en train de choisir un joueur, je dois choisir un homme. Jeff, qui s'est remis en question après une terrible blessure, dans un autre club, laissant femme et enfants à demeure. Et il veut arrêter sur un feu d'artifice. Ou Mo, l'avenir du club. Que dois-je faire, boucher la sortie des artistes, ou boucher l'entrée ?

J'ai convoqué Dumbo. Il ne jouera pas, Gros Ber sera remis. Il ne m'en a pas voulu. À sa place, j'aurais cassé le bureau.

C'est l'échauffement, maintenant. À deux jours d'une finale, il règne un parfum unique. Pour un entraîneur, c'est le point idéal. Les joueurs rigolent, mais ils écoutent. Les joueurs déconnent, mais ils sont concentrés. Le parfait croisement entre les exigences des uns et des autres. Le carrefour de l'harmonie. On n'aurait même plus besoin de s'entraîner. Juste de parler. La finale, elle ne se joue pas ce soir. J'ai juste noté que Jeff s'entraîne avec son petit sac à dos. Comme au début de saison. Surpris, je lui ai demandé de faire attention. Ce n'était plus la peine de forcer à l'entraînement. Ce soir, on ne faisait que de la retouche. Du pinceau. Du coup, j'ai senti Mo crispé. Là, il est sûr que j'ai choisi Jeff. Alors, je suis allé lui parler. Lui dire que je le sentais bien. Mo et Jeff croient sûrement que je joue avec eux, j'en suis sûr. Surtout Mo. Mais ils ne savent pas qu'à cinq minutes de ce moment fatidique, je n'ai toujours pas choisi. Que c'est moi le plus malheureux, pas eux. Jeff ou Mo !... Pile ou face. Mo ou Jeff !... à la courte paille... tout le monde est assis. J'ai l'impression que tout le monde attend.

– Je commence par la première ligne... Gros Ber... Le Dingue... Dannette... Gégé, bien sûr, capitaine... Lulu, la troisième ligne... Lolo... Roco... et Jipé... Fouinasse à la mêlée... Bobo à l'ouverture... Caillou... Vicky... La Tige... et à l'arrière...

– Attends, Stan !

Qu'est-ce qu'il fait Jeff ?... Jeff s'est levé... Il a pris son sac à dos. Jeff a sorti un maillot. Celui du club. Celui de la finale. Le numéro 15. Il a dû le chiper à Jojo. Puis il a parlé :

– Stan, je ne sais pas qui tu allais choisir. Mais moi, j'ai choisi. C'est Mo qui jouera la finale. Tiens Mo, j'ai piqué le maillot à l'intendance, chez Jojo. Il le cherche partout... Mo, tu m'as sûrement détesté, mais moi, je te trouve formidable... cette finale, on la mérite tous les deux, mais moi, j'ai déjà vécu tellement d'événements... j'ai joué les plus grandes équipes du monde dans les plus beaux stades... je suis venu me relancer, et grâce à vous tous j'y suis arrivé... moi, quand je me suis blessé, le chirurgien m'a dit, le rugby, Jeff, tu peux oublier... j'ai pas oublié, moi... et je vous le dois à vous tous... et comme après je prends ma retraite, eh bien je voulais faire un cadeau... tiens, Mo, voilà ton maillot pour la finale... je ferai un remplaçant très heureux... enfin, si Stan veut de moi... je te souhaite un titre et un grand match, Mo... à vous tous aussi...

Il a donné le maillot à Mo. Et il s'est rassis. J'étais scié. Sans voix. Il n'y avait pas un bruit. Pas de mouches, pas de vent. Rien. Rien qu'un très long tunnel de silence. Puis Mo a eu des larmes. Petit Rico aussi. Et comme c'est contagieux, Jeff s'est levé à nouveau, et il a rigolé :

– Bon, on s'entraîne, maintenant... parce que... sinon, on va tous chialer et on s'ra jamais champions, les gars.

L'équipe a été championne de France. Bouly est rentré, et il a plaqué à tour de bras. Dumbo aussi est rentré. À la place de Gros Ber, et il n'a pas flanché. Du coup, Jeff n'a pas pu jouer, mais il a accompagné Mo pour le tour d'honneur. Mo lui a offert son maillot. Mo a fait le match de sa vie. La semaine d'après, il est allé encourager la nationale B.

La saison d'après, Mo est devenu international. Il n'a jamais rien su de mes manigances. Et moi, ce connard de Stan, j'ai arrêté d'entraîner le soir même du titre. Je savais déjà que je ne vivrais jamais une plus belle histoire.

Quelques années après, quand j'ai croisé Jeff pendant un match du Tournoi, je lui demandé ce qui me brûlait les lèvres :

– Pourquoi tu as fait ça ?

Il a souri et il m'a dit :

– Stan, ce n'est que du rugby, tout ça !...

HOMMAGES PARTICULIERS

À Jean-Pierre Launey, conseiller d'orientation. À Jean-Paul Etchégaray, un Basque, et à Monsieur Kayrou, deux Basques. À Didier Fourtine, un Ariégeois. À Tonton Monchy, dit le Vicking. Au Club colonial, des colonies. À Zaza, un diamant et à Catonay, le Rocher. À Didier Duboss, un seconde ligne de devoir à la maison.

À Fontainebleau. À Claude Denard, ange gardien. À Nénette, son auréole. À Garatin. À Monsieur Marcel. À Jérôme Bianchi, frère cadet. À Monsieur Legeay, l'entraîneur des juniors, qui faisait tout pour nous faire gagner quand il arbitrait, et que, même avec ça, on perdait. À Gros Louis, chauffeur de poids lourds en semaine, et chauffard du dimanche, en mêlée. À Jacques Abadie, talon d'honneur. À Castagnet, talon-aiguille. À Cloarec, pilier d'honneur. À Merger, Michel Bureau et Claude Véron. À Jacques Sanz, entraîneur-capitaine-demi de mêlée-troisième ligne-ouverture-centre ailier-tchacheur-conseiller-psychologue. À Michel Labeur, troisième ligne de partition musicale. À Christian Cotes, centre plaqueur. À Jacques Mollet, centre donneur. À Jean-Louis Lapadouze, et ses lapadouzades. À Remy Boulette, et ses boulettes. À Bruno Lagroste, technico-technique. À Yves Junguenet, pilar jetable. À Michel Schweatzer, et ses narinnettes. À Jacques Thomazeau, et ses fonds de touches. À Portelette. À Serge Kadri, et sa gentillesse. À Michel Lancade, et son petit crochet à gauche. À Michel Lemarchand, et son grand crochet droit. À Philippe Marcenac, ailier-plaqueur-fraiseur-tourneur-marqueur. À Pierre-Michel Bonnot, passeur de mots sur un pas. À Béréta, et à toutes celles qui avaient un air de ne pas le regarder qui en disait long sur leurs intentions. À Michel Jouhault, ouvreur de pistes.

À André Celhay, île aux oiseaux. À Peyo, ami Jean. À Jean-Yves Hammet et à son frère, Philippe. À Papy Bourel, troisième mi-temps aile. À Fred Bowling, seconde ligne videur. À Roro, médecin sans frontières. À Jean-Luc Larribeau, au Général, poutres. À Marc Rénel, ailier-tacleur. À Pimpon, pour sa course déliée. À Marbœuf, de La Teste, pour sa course d'ailier. Aux deux frères Gervais. À Antoine Pabst, gitan sans filtre. À Ripol, juste a gigolo. À Jacques Éguréguy, parieur fou.

À Marie-Françoise Albes, première ligne elle. Aux Bouboule, Baptiste, et Rico, nœuds papillons de nuit. À La Fourgne, réalisateur d'essais. À Jo Abadie, égalisateur. À Momo, inspecteur des pots. À Laurent Rouirez, force basque. À Benezech, Genet, Voisin, Dawson, Tachdjian, Serrières, Deslandes, Atcher, Cabannes, et Blond, croisière paquet cadeau. À Pouyau, la pouye aux œufs d'or. À Gérald Martinez, et ses côtés ouverts. À Sam Safforre, pour ses côtés fermés. À Brett Gosper, nain de jardinet. À Philippe Daubas, dit La Dauauaube. À Dédé Ciret, cœur irremplaçable. À Pierrot Bassagaitz, renard argenté. À René Bonnefond, réconforteur. Aux deux Saïd, et à leurs quinze enfants. À Jean-Bernard Cruchet, dit la Cruche, le seul homme du Racing à avoir résisté à la concurrence. À Christian Lanta, Jean-Pierre Labro, François Guers. À Robert Paparemborde. À Destribatz, fin landais. À Jacky Violle. À Claude Pouply. À Muscat, et les repas de la Petite Auberge. À Guy, Jean-Jo, et Antoine, de cette Petite Auberge. À Guy, le Roi Villiers, et à Joëlle, la Reine Villiers. À Guy Pierre, La Chèvre, et Marcel Francotte, nos indispensables. À Goudeneige, le meilleur centre du club qui jouait à l'aile. À la rue de la Soif. À Jacky-Cool et à Jacky-Con. À Jacques Lartigues. À Coco Perrin, le plus Beau Des Gars. À Hervé, Antoine et Yvan, la première ligne du Bedford. À Thierry, du « Pays des oiseaux » et son courage. À Jean-Pierre Sedes, mur à droite. À tous les arbitres du monde.

Aux aviateurs Christophe Rouais, Salles, Jeff Laporte, Deschamps, Blanc-Gonnet, Dalpos, Philippe Berot, Dupuy, la Bianche, la Pouye, Tachdje, Genet, Sergent, Montels, Campos, un bataillon qui bataillait. Et à nos chefs spirituels, Gaurel, dit Gogo, pour sa couleur aux couleurs, Jeff Tordo, et Philippe Sauton. À Christophe Lavengre, déserteur. À Philippe Lopez. Aux Couleurs, réveil brutal. À Michel Bernardin, réveil musculaire. À Inza, réveil-matin. À Joël Dupuy.

À Jacques Rivière, langue française. Aux étudiants Patrick Barthélemy, Alain Joguet.

Aux Toulonnais Alain Carbonel, Pierre Trémouille, Blachères, Yann Brendlin, Manu Diaz, « Ber » Herrero, Yvan Roux, Jean-Charles Orso, Éric Champ, Dany Herrero, Patrick Rouais, Louvet, Gérôme Gallion. À Christian Cauvy, toulon-né. À Didier Codorniou, un exemple. À Johnny Rurh, et à Berny, sa femme. À Éric Bonneval, un cauchemar. À Denis Charvet, un joli rêve. À Calague, pour la calague.

À Laurent Pardo, un génie. À Patrick Estève, une pointe. À Guy Noves. À Jean-Michel Rancoule, une crème. À Eugène Nougessans et ses renseignements. À Serge Cas et Laurent Négro. À la Corme, des brumes. À Capillon. À Patrick Lemoine, visiteur surprise. À Daniel Philibert, vampire. À Michel Bordagaray, saint Jean de Luxe. À Denis Poileau. À Karim, l'Américain. À Stéphane Boise, XXL. À Yann Renaud, donneur à temps plein. Aux Toulousains Cadieu, le Flic, Maset, Janik, Soula, Portelan, Giraud, frère de combat. À Patrice Lagisquet, David Berty, frères ennemis. Aux Agennais, aux Béglais et à leur tortue.

Et, surtout, à tous ceux qui m'en voudront de les avoir oubliés… Merci !

TABLE

Cet ouvrage a été réalisé par la
SOCIÉTÉ NOUVELLE FIRMIN-DIDOT
Mesnil-sur-l'Estrée
pour le compte des Éditions de La Table Ronde
en septembre 1999.

Dépôt légal : septembre 1999.
N° d'édition : 3109.
N° d'impression : 48120.

Imprimé en France.